Guía completa del Dachshund

Vanessa Richie

Datos de Publicación

Vanessa Richie

Guía completa del Dachshund ---- Primera edición.

Resumen: "Criando exitosamente un Dachshund desde cachorro hasta la edad avanzadae" --- Proporcionado por el editor.

ISBN: 979-8-89818-028-7

[1.Dachshunds --- No Ficción] I. Título.

Este libro ha sido escrito con la intención de proporcionar información precisa y autorizada con respecto al tema incluido. Si bien se han tomado todas las precauciones razonables en la preparación de este libro, el autor y el editor rechazan expresamente cualquier responsabilidad por errores, omisiones o efectos adversos derivados del uso o aplicación de la información contenida en su interior. Las técnicas y sugerencias deben utilizarse a discreción del lector y no deben considerarse un sustituto de la atención veterinaria profesional. Si sospechas que tu perro tiene un problema médico, consulta a tu veterinario.

Diseño por Sorin Rădulescu

Primera edición en español, 2025

ÍNDICE

INTRODUCCIÓN

Visita cualquier parque para perros, y seguro te encontrarás con uno o más Dachshunds, también conocidos como perros salchicha. Estos perros son adorables y su apariencia los hace únicos, ya que son más largos que altos. En un comienzo, fueron criados para perseguir animales a través de zarzas y bosques. Su rango de tamaño es bastante amplio, pesan entre 7 y 15 kg al llegar a la adultez. Esto significa que, dependiendo de los padres, puede ser pequeño o mediano. Afortunadamente, gran parte de ese peso se distribuye a lo largo, y no afecta a su altura, por lo que no será necesario comprar varias camas, jaulas o collares en las diferentes etapas de crecimiento.

La raza no siempre fue tan pequeña. Originario de Alemania, el Dachshund era un cazador que se enfrentaba a animales salvajes como tejones y jabalíes. Esto explica no solo su valentía, sino también su propensión a ladrar. Una vez que se estandarizó la raza, fueron criados para ser cada vez más pequeños, y hoy es poco probable que puedan cazar.

A pesar de su larga historia de cría, los Dachshunds son una raza saludable. La mayor preocupación es su distintivo lomo largo, ya que puede lesionarse con facilidad, por eso los niños nunca deben levantarlo. También tienden a tener problemas dentales, por lo que no solo deberás planificar ser diligente en el cuidado oral, sino que deberás evitar juegos como el tira y afloja. Sin embargo, hay muchas otras actividades que pueden disfrutar juntos: desde esconder premios hasta realizar trucos, los perros salchicha adoran jugar con sus dueños.

A pesar de que fueron criados para ser cazadores, su popularidad se debe a que son súper amigables y sociables. Tienden a ser vocales, por lo que deberás asegurarte de socializar y adiestrar a tu Dachshund. Son muy inteligentes, y algunos aman complacer a sus dueños, mientras que otros son menos entusiastas cuando se les dice qué hacer.

Esta es una raza que, si no se adiestra y socializa adecuadamente, puede ser muy agresiva. No son peligrosos, pero sí pueden llegar a morder, lo que representaría un peligro tanto para niños como para visitas. Deberás enseñarles cómo interactuar con tu perro, así te asegurarás de que tu Dachshund no resulte herido ni se vuelva temeroso. Siempre que todos sean respetuosos y gentiles, seguro no habrá ningún problema.

A pesar de estas tendencias, esta es una raza increíblemente cariñosa y tranquila, razón por la cual las personas que tienen uno casi siempre querrán adoptar otro.

CAPÍTULO 1
Un perro valiente en tamaño compacto

"Una vez que tengas un Dachshund, probablemente siempre querrás tener uno en tu vida. Tardan más en adiestrarse, son testarudos, pero son muy leales y cariñosos ".

Kim Gillet
Cameo Dachshunds

Los Dachshunds, también conocidos como perros salchicha, son uno de los más reconocibles del mundo, más que nada por su apariencia: son largos y tienen patas cortas, y su pelaje corto revela su figura delgada. Esto ha inspirado una gran cantidad de nombres que definen la apariencia de la raza. Considerando lo amistosos que son, estos nombres resultan apropiados. ¡Vas a amar a este perrito adorable!

Foto cortesía de
Lee Roberts
Roberts Twins Photography

Foto cortesía de Tabitha Holloman

Origen del nombre: un cazador feroz

Por el nombre, Dachshund, nos podemos dar una idea de que esta raza se originó en Alemania. La traducción literal de Dachshund es "perro tejón", ya que en el siglo XVII cazaba tejones.

Para los cazadores alemanes que perseguían tejones, jabalíes, zorros y otros animales más grandes y feroces, el Dachshund era el perro ideal: eran independientes, bajos, tenían un tórax grande (por lo que tenían mayor capacidad pulmonar) y una tenacidad sorprendente. Sus cuerpos eran perfectos para excavar túneles y perseguir animales que vivían bajo tierra o en matorrales.

Hoy en día, si miramos un Dachshund, pareciera que estamos hablando de otra raza. Los perros de hoy son sociables, dulces, cariñosos y tranquilos. Al verlos jugar en casa, es imposible imaginarlos persiguiendo ferozmente a cualquier otro animal. Es una dualidad interesante de su naturaleza que los hace aún más encantadores.

Tipos de pelaje y tamaño

"Cada tipo de pelaje otorga rasgos de personalidad únicos. ¡Los Dachshunds tienen la MAYOR cantidad de combinaciones de pelaje, tanto en colores como en patrones, de cualquier raza de perro!"

Elizabeth Bender
BenderDachs

Los Dachshunds tienen tres estilos de pelaje muy diferentes entre sí, y dos tamaños más comunes dentro de la raza: el miniatura y el estándar.

Los tipos de pelajes son:

Pelo corto

También llamado pelaje liso, es el más común, es suave y liso. Puede ser negro y marrón, similar a los colores de un Rottweiler.

Dachshund de Pelo Corto

12

Pelo largo

Es suave y requiere mucho cuidado. Este pelaje no suele ser tan común: se cree que es el resultado de cruzar el Dachshund de pelo corto con el Stoberhund de pelo largo.

Dachshund de Pelo Largo

Pelo Duro

Se cree que existían desde principios del siglo XIX, pero los Dachshunds con este tipo de pelaje no fueron criados intencionalmente hasta finales de ese siglo. Los criadores establecieron el estándar para la raza al cruzar el Dachshund de pelo corto con el Pinscher alemán de pelo duro y el Dandie Dinmont Terrier.

Dachshund de Pelo Duro

Los diferentes pelajes son ideales para distintas condiciones de caza. El capítulo 2 detalla las diferencias entre estos tipos de pelajes, y el capítulo 14 analiza cuánto mantenimiento requiere cada uno. Sin embargo, para ayudarte a elegir un cachorro, los de pelo largo requerirán más aseo que los otros dos. Por lo tanto, si no deseas cepillarlo todos los días, deberías optar por un Dachshund de pelo corto o de pelo duro.

Estandarización de tamaño

Puede ser difícil distinguir la diferencia entre los dos tamaños, ya que el miniatura suele pesar alrededor de 5 kg, mientras que el estándar comienza en aproximadamente 7,5 kg. Ambos tamaños se basan en el tipo de presa que estaban destinados a cazar. Por ejemplo, la raza estándar perseguía animales más grandes, como tejones, mientras que los miniatura cazaban zorros y liebres.

Un símbolo del patrimonio alemán

Se cree que la raza original de la que evolucionó el Dachshund provino de Egipto, pero la que conocemos hoy definitivamente surgió de Alemania. Los primeros probablemente fueron criados durante el siglo XVI, una mezcla del Braque y el Pinscher, aunque algunos piensan que también fueron cruzados con el Basset Hound francés. Para el siglo XVIII, la raza ya se veía y actuaba de manera bastante similar a lo que es hoy. Su tenacidad, valentía e ingenio eran rasgos valorados: podían entrar en túneles donde razas como el Rottweiler, el Pastor Alemán y el Weimaraner no podían acceder. Por difícil que sea imaginarlo hoy, reuniendo una pequeña jauría de Dachshunds, los cazadores podían perseguir jabalíes salvajes.

A pesar de ser bajos, eran rápidos, así que cuando veían una presa, los Dachshunds la perseguían hasta acorralarla en su madriguera. El ladrido era muy importante porque entraban en agujeros tras animales más pequeños, a menudo desapareciendo bajo tierra sin que los cazadores vieran dónde habían ido. Una vez que habían abatido exitosamente a su presa, el Dachshund emergía y comenzaba a ladrar para hacerle saber al cazador dónde estaba.

Durante más de un siglo, los Dachshunds fueron un tesoro alemán, convirtiéndose en mascotas. Durante el siglo XIX, se volvieron más populares como compañeros del hogar que como perros de caza. Los perros con disposiciones amistosas fueron criados para crear más de estos encantadores perritos, y es por eso por lo que tienden a ser tan sociables hoy en día. Sin embargo, aún conservan gran parte de la inteligencia, tenacidad y ladrido que fueron tan importantes durante épocas anteriores.

Durante los Juegos Olímpicos de 1972 que se celebraron en Múnich, los alemanes eligieron a un Dachshund llamado Waldi para servir como su mascota. En su honor, los oficiales olímpicos decidieron hacer la ruta de la maratón para los atletas en forma de un Dachshund.

Una raza popular en todo el mundo

Durante el siglo XIX, la popularidad de la raza hizo que la realeza, tanto de Alemania como de otros países, adoptara Dachshunds. Se decía que estaban dentro de los favoritos de la Reina Victoria, lo que hizo que personas de todo el mundo conocieran al singular perro alemán.

A finales del siglo XIX, la raza llegó a los Estados Unidos, donde fue reconocida oficialmente en 1885. Esto fue seguido por la fundación de varias organizaciones dedicadas a esta raza, como el Club Alemán del Dachshund y el Club del Dachshund de América. Su popularidad continuó creciendo hasta el comienzo de la Primera Guerra Mundial, cuando sus vínculos con Alemania llevaron a que la gente no quisiera adoptar una raza asociada con los enemigos de los Aliados. Debido al declive de la raza, el American Kennel Club intentó cambiar su imagen, llamándolos perros tejoneros (simplemente una traducción directa) o cachorros de la libertad para apelar al patriotismo.

Foto cortesía de Esther Gorbey

Algo similar ocurrió durante la Segunda Guerra Mundial, aunque el rechazo hacia la raza no fue tan fuerte como en la Primera Guerra Mundial. A diferencia del Pastor Alemán y el Rottweiler, la gente no vilipendió al Dachshund una vez finalizada la guerra. Por el contrario, la raza comenzó a ganar popularidad y pasó a formar parte del grupo de razas más populares del mundo. Desde la década de 1950, el Dachshund ha sido uno de los perros domésticos más comunes, y prácticamente se han mantenido en esa posición desde entonces.

En algunos lugares de Europa aun utilizan la raza para la caza. Esto ha ayudado a que algunos Dachshunds conserven aspectos agresivos, pero por lo general, esos perros son criados para la caza, no para hogares.

Los Dachshunds se han vuelto super populares en todo el mundo y son deseados en muchos países. Quizás una de las formas más adorables en que se los celebra comenzó en Australia durante la década de 1970, cuando se decidió hacer carreras de Dachshunds. Pueden ser muy rápidos para su estatura pequeña, pero no son perros de carreras. Con sus patas moviéndose lo más rápido posible y sus orejas agitándose en el aire, son adorables de ver mientras corren. Hoy en día se celebran carreras similares en todo el mundo.

Muchos nombres

Este adorable perro ha adquirido una gran cantidad de apodos, probablemente porque, siendo germánico, el nombre oficial de la raza puede ser un poco más difícil de pronunciar, además de ser casi tan largo como el perro.

Foto cortesía de
Mavourneen Smith

Aquí hay solo algunos de los apodos que se le han dado a través del tiempo:

Nombres oficiales y técnicos:

- Teckel (nombre alemán usado en España)
- Dachshund (denominación oficial alemana)
- Perro tejonero (traducción literal de "perro tejón")

Apodos populares en español:

- Perro salchicha
- Salchicha (diminutivo cariñoso)
- Salchichita (forma diminutiva)
- Teckelin (diminutivo de Teckel)
- Perrito alargado
- Perro vienesa (menos común)

Variantes regionales:

- En algunos países también se conoce como Dackel

Y esa ni siquiera es una lista completa. Si terminas teniendo un Dachshund, seguro encontrarás muchos otros nombres, y puedes elegir el que más te guste. Es un aspecto único: atraen apodos como ninguna otra raza, así que prepárate para aprender muchos nombres diferentes. En el mundo hispanohablante, estos perros son especialmente conocidos por su apodo más popular "perro salchicha", que describe perfectamente su característica forma alargada.

CAPÍTULO 2
Tamaño pequeño, gran personalidad

El Dachshund parece un perro que necesita protección: esos ojos grandes, cuerpo pequeño y orejas caídas engañarían a cualquiera haciéndole pensar que es indefenso. Ahora que conoces su historia, sabes que no es una raza que necesite protección, a menos que sea para evitar que se enfrente a perros mucho más grandes.

No te dejes engañar por su aspecto: tiene una gran personalidad y algunos defectos. Tómate el tiempo para considerarlos bien, ya que podrían ser motivos de descarte, en especial su dificultad con el entrenamiento para hacer sus necesidades en el lugar adecuado y el hecho de que algunos son muy vocales.

Foto cortesía de
Anh Tran

Foto cortesía de Brittany Prince

Rasgos físicos característicos del Dachshund

Sin duda, uno de los aspectos más distintivos del Dachshund es su cuerpo largo y esbelto, sostenido por patas cortas y robustas. Su silueta única los hace inconfundibles. Además, esta raza presenta una gran variedad de colores y tipos de pelaje. Algunos de los más comunes incluyen:

- Negro
- Atigrado
- Marrón

- Crema
- Leonado
- Isabella

- Manchado
- Rojizo
- Sable o sombreado

Muchos de estos colores pueden presentarse en combinaciones, como negro y crema o cervato y crema. Con tantos colores diferentes y tres longitudes estándar de pelaje, esto otorga a los Dachshunds una sorprendente diversidad en su apariencia. Todos son lisos y de densidad media. Los tres tipos de pelaje proporcionan un aspecto muy distintivo.

Foto cortesía de
Aaron and Minette McGeehon

- El más común es el Dachshund de pelo corto. Cuando está bien aci-calado (Capítulo 14), su pelaje es brillante y suave. Son muy fáciles de acicalar, aunque sueltan algo de pelo. El pelo en sus orejas es super suave, y en sus vientres crece más largo.

- Los Dachshunds de pelo largo lo tienen liso, pero parece ondulado en las orejas. Cuando está adecuadamente acicalado (Capítulo 14), es sedoso y suave. Tienden a tener más pelo en sus orejas, cola y vientre. Requieren más cuidado que el resto, pero también son los más agradables de acariciar ya que son muy suaves.

- Los Dachshunds de pelo duro tienen un pelaje de longitud interme-dia entre los otros dos. El pelo más largo les da un aspecto adorable, particularmente alrededor de la boca y las orejas.

Todos los Dachshunds tienen un rostro muy reconocible, con sus orejas largas y caídas, hocico largo y ojos de cachorro. Sus orejas tienden a pare-cer desproporcionadamente largas, que parecería que se las va a pisar. Los ojos son tan grandes en parte debido a lo pronunciado de sus cejas, lo que les ayuda a tener expresiones más marcadas que otras razas.

Aunque sus rostros son largos, sus mandíbulas son increíblemente fuertes. Y detrás de esas poderosas mandíbulas hay un ladrido que es más profundo de lo que sugiere el tamaño del perro.

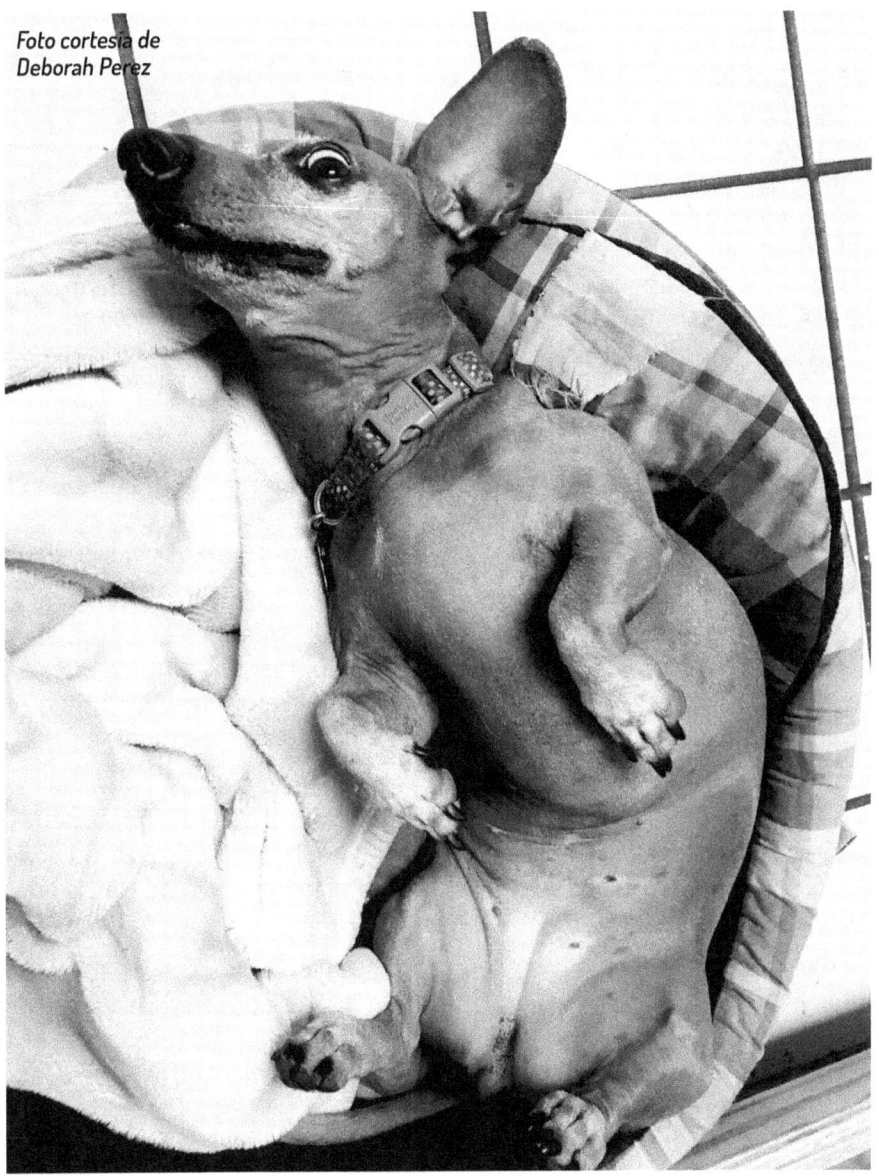

Foto cortesía de Deborah Perez

Problemas de salud comunes en los Dachshunds

El Dachshund es un perro saludable. La mayoría de los problemas de salud están relacionados con sus espaldas, pero también existen otras condiciones que deberías conocer mientras consideras si esta es la raza adecuada para ti.

Una raza saludable con algunos problemas

La forma selectiva en que los perros han sido criados a lo largo de los años los ha mantenido bastante saludables, aunque tienen algunos problemas genéticos comunes. Si bien este capítulo analiza algunos de los problemas, el Capítulo 16 los detalla en profundidad. Esta sección está destinada a ayudar en tu decisión sobre adoptar o no un Dachshund. Considerando lo saludables que suelen ser, la salud futura probablemente no será un factor definitivo.

Sus ojos son propensos a algunos problemas, aunque no más que la mayoría de los perros que envejecen. Deberás estar atento al glaucoma, cataratas y ojos secos.

Los Dachshunds son conocidos por sus problemas dentales. Con el cuidado adecuado, probablemente puedas evitar complicaciones, pero también debes vigilarlos cuidadosamente y evitar juegos que puedan causar o exacerbar problemas.

La enfermedad de Cushing no es común, pero es un problema genético que algunos Dachshunds tienen. Cuando la glándula suprarrenal produce niveles excesivos de cortisona, crea un desequilibrio que puede hacer que tu perro sea propenso a accidentes, pérdida de pelo y un aumento en el apetito y el peso.

Los Dachshunds tienen más probabilidades que la mayoría de las razas de contraer la enfermedad hepática genética conocida como derivación portosistémica, que impide la eliminación efectiva de toxinas del torrente sanguíneo.

Dado su tamaño y su gran apetito, los Dachshunds suelen aparecer en la lista de las 10 razas de perros con mayor riesgo de obesidad. Por eso, deberás controlar cuánto come y ejercitarlo, ya que la obesidad contribuirá a problemas de espalda y algunos de los otros problemas asociados con la raza, como la diabetes.

Los Dachshunds también pueden tener problemas estomacales, siendo la Dilatación Gástrica con Vólvulo (DGV) el más peligroso, ya que puede ser letal. Si bien la mayoría no son de alto riesgo, podrían resultar en la acumulación de gases, lo que llevaría a muchas flatulencias.

La enfermedad degenerativa de la válvula mitral es un problema en los Dachshunds que implica una fuga en la válvula cardíaca, y generalmente comienza entre los 8 y 10 años. Tu perro debe ser monitoreado para detectarla cuando llegue a sus años dorados.

Los Dachshunds tienen varios trastornos neurológicos, incluidos epilepsia, narcolepsia y enfermedad de Lafora, los cuales son más prominentes en los de pelo duro. Algunos síntomas son: sueño excesivo o espontáneo, movimientos bruscos, temblores y convulsiones, debilidad o falta de equilibrio.

Advertencias sobre su espalda alargada

Una de las características más distintivas de la raza es su espalda, que es mucho más larga que su altura. Aunque esto le da ese aspecto encantador que tanto lo identifica, también implica ciertos cuidados especiales. Su columna es delicada y puede lesionarse con facilidad, por lo que es fundamental evitar que salte o suba y baje de superficies elevadas. Siempre se recomienda que el perro se desplace sobre el suelo. Esto aplica para cualquier raza, pero es aún más importante en perros con espaldas alargadas.

Algunos de los problemas más comunes asociados a esta estructura corporal son:

- Enfermedad del disco intervertebral

- Lesiones espinales

Debido a que la mayoría están relacionados con actividades, y no con la genética, hay cosas que deberás hacer para asegurarte de que tu Dachshund no se lastime. El Capítulo 5 proporciona algunos consejos para preparar tu hogar, y el Capítulo 16 detalla los tipos de problemas de espalda que tu perro puede desarrollar y que debes controlar.

Es importante ser cuidadoso porque se estima que el 25% de los Dachshunds tendrán problemas de espalda.

Inteligentes, independientes y energéticos

"Los Dachshunds son extremadamente leales. Aman a las personas y otros perros de su grupo familiar. No te sorprendas si te sigue a todos lados solo para estar cerca de ti".

Elizabeth Bender
BenderDachs

A pesar de su tamaño, el Dachshund este es un perro valiente e ingenioso, lo suficientemente inteligente como para conseguir lo que quiere. Esa misma inteligencia, sin embargo, a veces puede meterlo en problemas, y más aún si no está bien entrenado, ya que también puede ser terco. Como originalmente fueron criados para perseguir presas en madrigueras, tienen un fuerte instinto de caza y pueden ser bastante traviesos si se los deja solos en el patio trasero. Su personalidad no siempre coincide con su apariencia: su tamaño pequeño no les impide tener una gran actitud.

Los Dachshunds son perros independientes que no siempre se comportan según su aspecto. Si no están bien socializados, pueden mostrarse distantes con los niños, y al ser mayores, tienen más probabilidades de preferir otras mascotas en el hogar que a los niños.

Pueden ser posesivos, algo que tendrás que controlar, especialmente si adoptas un adulto. Cuando están bien entrenados, pueden aprender a compartir.

A pesar de su inteligencia, no son perros fáciles de entrenar para hacer sus necesidades. Si este aspecto no te convence, deberás buscar otra raza.

El otro problema importante es la agresión. Dada su historia, los Dachshunds no son conocidos por retroceder y pueden atacar cuando se sienten amenazados, tienen miedo o han sido lastimados (en el Capítulo 7 trataremos en detalle esta cuestión). Por eso, si deseas tener el perro ideal, que sea adorable y se comporte bien, deberás socializarlo y adiestrarlo.

Foto cortesía de Samantha Oakes

Perfecto para un departamento, siempre que controles sus ladridos

Su tamaño pequeño lo hace perfecto para cualquier hogar; sin embargo, necesitarás que tu espacio sea apto para que tu Dachshund se desplace libremente sin necesidad de que lo levantes. Por otro lado, su ladrido es parte de su crianza, ya que es una raza vocal. A diferencia del entrenamiento para hacer sus necesidades, es posible que no te resulte difícil entrenarlo para que ladre por un motivo real, en vez de hacerlo por aburrimiento o pequeños sonidos. Con el adiestramiento adecuado, pueden ser excelentes perros de alarma.

CAPÍTULO 3
En busca de tu Dachshund ideal

Los Dachshunds son una raza muy popular, conocida por lo divertidos que pueden ser. Además, su tamaño les permite adaptarse con facilidad a cualquier entorno. Si bien tienen algunos defectos, como todas las razas, si has llegado hasta aquí, probablemente ya decidiste que esos inconvenientes no pesan más que las ventajas de tener un perro cariñoso y amigable en casa. Son excelentes compañeros, pero es importante que planifiques su adiestramiento desde el principio ya sea que adoptes un cachorro o un perro adulto.

Consejos y recomendaciones para adoptar un Dachshund adulto

¿Cuánto tiempo y dedicación estás dispuesto a ofrecer? ¿Podrás lidiar con un cachorro lleno de energía y con todo por aprender? ¿O prefieres adoptar un adulto, que quizás ya tenga ciertas conductas adquiridas, pero también algunos problemas que tendrás que ayudarlo a superar? Los cachorros suelen requerir más atención y trabajo, pero con los adultos nunca se sabe con certeza qué experiencias han vivido, y esto puede influir en cómo reaccionan ante el entorno.

Foto cortesía de Dawn Bergeron

Encontrar al nuevo integrante de tu familia puede llevar tiempo, incluso si decides rescatar un adulto. Debido a la fragilidad de la columna vertebral de los Dachshunds, deberás adaptar tu hogar para facilitarle el movimiento si hay escaleras o si vas a permitirle subir a los muebles.

También pueden aparecer secuelas de una crianza deficiente o de cuidados inadecuados en las primeras etapas de su vida. Si decides adoptar un cachorro, y quieres asegurarte de que será un compañero amoroso y saludable durante muchos años, será fundamental buscar un criador responsable que priorice el bienestar de los perros por sobre la cantidad de crías y el dinero.

El enfoque para adoptar un Dachshund adulto es el mismo que para adoptar un cachorro de un criador. Sin embargo, si eliges un adulto, deberás hacerle unas preguntas extra, particularmente acerca de sus experiencias previas.

Puntos clave antes de adoptar

Rescatar a cualquier perro conlleva algunos riesgos. Aunque es posible encontrar cachorros Dachshund en grupos de rescate canino, es mucho más probable que encuentres un adulto. Adoptar un Dachshund mayor podría requerir mucho trabajo, y conocer su historia previa es fundamental para saber qué esperar. Dado que estos perros pueden ser tercos, algunas personas podrían rendirse al ver que el perro no responde con facilidad.

Considera los siguientes puntos para determinar si un Dachshund adulto es adecuado para ti.

- **¿Por qué quieres incorporar un perro adulto a tu hogar? ¿Qué esperas de él?**

Los Dachshunds comprenden las órdenes que les das, pero si no han sido adiestrados correctamente, pueden ser muy tercos.

- **¿Tienes la paciencia necesaria para ayudarlo a superar los problemas que pueda presentar?**

Las organizaciones de rescate hacen todo lo posible por recopilar información sobre los perros que rescatan, pero muchas veces saben poco o nada sobre su pasado. Los beneficios de rescatar un Dachshund son muy similares a los de adoptar cualquier perro de un refugio: se necesita compromiso permanente para poder planificar como ayudar al perro a superar sus experiencias pasadas y cómo resolver los problemas. Las probabilidades son muy altas de que no vayas a empezar desde cero con el entrenamiento para hacer sus necesidades. Los perros adultos pasan más tiempo despiertos que los cachorros y, aunque puede que les tome un poco más de tiempo acostumbrarse a su nueva familia, puedes crear un vínculo mucho más rápido, dependiendo de su edad.

*Foto cortesía de
Alisa Ruiz*

Los Dachshunds adultos pueden ser un poco más distantes, especialmente si no fueron socializados o fueron maltratados, pero se volverán amorosos una vez que comiencen a sentirse seguros y en casa. Es más probable que sean cautelosos con los niños si no han estado cerca de ellos antes, ya que los niños representan una amenaza única. Sin embargo, una vez que tu perro adulto establezca un vínculo contigo y tu familia, será como activar un interruptor de afecto, y entonces no podrás pedir un canino más cariñoso e inteligente.

- **¿Tienes tu hogar preparado para recibir a un perro rescatado?**

No puedes simplemente traer un perro adulto a tu hogar y dejarlo correr sin supervisión: así como prepararías tu casa para la llegada de un cachorro, también debes hacerlo con un adulto. Es necesario que cuentes con un espacio adaptado para tu nuevo perro para que aprenda las reglas antes de permitirle deambular libre por la casa. Además, este lugar le permitirá familiarice contigo y tu hogar, mientras evalúas su personalidad y capacidades. Este es un punto clave, y más aún si tienes otras mascotas, ya que querrás asegurar la armonía en casa.

- **¿Tienes mascotas que podrían verse afectadas por la llegada de un perro adulto?**

Por lo general, los problemas podrían generarse si tienes otros perros, ya que los Dachshunds tienden a ser muy temerosos al principio, dependiendo de sus experiencias previas; y, por muy amigables que sean estos perros, debes tener sumo cuidado al presentarlos.

Las organizaciones de rescate que se especializan en Dachshunds son cautelosas al dar en adopción a un rescatado con problemas de personalidad y socialización. Los refugios de rescate serán menos cuidadosos al dar en adopción Dachshunds porque son populares y de bajo riesgo para la mayoría de los hogares.

Es posible que no puedas obtener un historial médico completo de un Dachshund adulto, pero es probable que encuentres uno que ya ha sido esterilizado o castrado, así como con microchip. A menos que adoptes un perro con problemas de salud (estos deberían ser revelados por la organización de rescate si están disponibles), su primera consulta con el veterinario será menos costosa que la de un cachorro. Sin embargo, pasarás mucho más tiempo adiestrándolo. Los cachorros tienen un período de atención corto, lo que equivale a muchas sesiones breves de entrenamiento; en cambio, los adultos requieren más atención y períodos más largos de adiestramiento para que se acostumbren a escucharte. Esto no solo le enseña las reglas del hogar, sino también crea un vínculo.

Los perros mayores te otorgan una gratificación más inmediata que un cachorro: no tienes que pasar por las noches sin dormir o la frustración del entrenamiento para hacer sus necesidades.

Finalmente, uno de los mayores beneficios de adoptar un adulto es que no crecerán más, lo que facilita conseguir el equipo y los suministros adecuados desde el principio.

Dado que esta es una raza muy popular a nivel mundial, existen sitios que se dedican a ayudar a las personas que quieren adoptar un Dachshund. Si deseas rescatar, puede acudir a *DachshundStation.com*, donde encontrarás toda la información necesaria para encontrar a tu perro ideal.

No es necesario que acudas a una organización de rescate: si deseas rescatar ponte en contacto con un criador, ellos tendrán una comprensión más completa del perro. Los contratos y garantías están destinados tanto a proteger a los cachorros como a las familias que los adoptan. Si deseas un adulto, considera llamar a los criadores para ver si tienen alguno disponible. Necesitarás hacerles preguntas diferentes que si estuvieras adoptando un cachorro, pero podrán proporcionarte muchos detalles sobre el perro, su personalidad y si hay algún problema potencial.

Pasos para rescatar un Dachshund

Si estás interesado en considerar la adopción de una organización o grupo de rescate, hay varias cosas para tener en cuenta. Esta sección cubre las preguntas que deberías hacer. Si estás considerando adoptar un cachorro de un grupo de rescate en lugar de un criador, haz las mismas preguntas.

Haz las siguientes preguntas para tener un conocimiento más amplio sobre la organización de rescate y cuánto saben acerca de sus perros.

- ¿Cuál fue la razón por la que el perro fue entregado?
- ¿Tenía algún problema de salud cuando llegó?
- ¿Saben cómo fue tratado por la familia anterior (qué tipo de adiestramiento tuvo, si fue maltratado o si fue socializado)?
- ¿Cuántos hogares tuvo?
- ¿Qué tipo de atención veterinaria recibió? ¿Tienen registros anteriores de que llegara a su cuidado?
- ¿Requerirá atención médica adicional?
- ¿Está entrenado para hacer sus necesidades?
- ¿Qué tan bien reacciona ante extraños y paseos en áreas familiares?
- ¿Tiene buenos hábitos alimenticios? ¿Tiende a ser más agresivo cuando come?
- ¿Cómo reacciona ante niños y otras mascotas?
- ¿Se le conoce alguna alergia?
- ¿Tiene alguna restricción dietética?
- ¿La organización aceptaría de vuelta al perro si se identifican problemas con él luego de la adopción?

Los grupos de rescate deberían tener al menos una idea general de qué tan bien se lleva el Dachshund con otros perros, más aún si actualmente convive con ellos. Para los criadores, esto representa una ventaja, ya que los adultos rescatados que viven con otros perros suelen tener cierta socialización avanzada.

Foto cortesía de
J Hammond

Adopción y Criadores Responsables

Criar un cachorro requiere una inversión importante de tiempo. Y en el caso de una raza tan inteligente y terca como el Dachshund, algunos aspectos del proceso pueden ser aún mucho más desafiantes.

Ten en cuenta lo siguiente para determinar si un cachorro Dachshund es adecuado para tu hogar.

- **¿Cuánto tiempo disponible tienes? ¿Estás dispuesto a dedicarle todo tu tiempo libre y organizar tu rutina en base a él?**

Uno de los aspectos más importantes a considerar es el tiempo que estés dispuesto a dedicarle. Todos los cachorros demandan mucho trabajo desde el primer momento en que llegan a casa. Si bien el temperamento del Dachshund es en gran medida predecible, la forma en que lo entrenes y socialices afectará casi todos los aspectos de su vida adulta. El adiestramiento y la socialización pueden consumir gran parte de tu tiempo durante los primeros días, pero son absolutamente fundamentales para criar un Dachshund sano y equilibrado.

También querrás asegurarte de que el cachorro esté en un lugar seguro y que tanto tú como tu entorno tengan en cuenta su bienestar.

- **¿Podrás ser firme y constante con un cachorro tan adorable?**

Desde el primer día, tú y tu familia deben establecerse como la figura de autoridad para que tu Dachshund entienda la jerarquía dentro del hogar. Todos los perros inteligentes requieren tiempo adicional para el adiestramiento porque suelen ser tercos. Por eso, debes estar preparado para ser paciente y constante, sin importar cuánto te frustren, o cuán adorables te parezcan, esos ojos de cachorro.

- **¿Tienes el tiempo, la energía y los recursos para adaptar tu hogar a un cachorro?**

Preparar el hogar para la llegada de un cachorro comienza mucho antes de que este llegue. Acondicionar tu casa para que le sea segura puede ser tan laborioso como hacerla a prueba de niños. Si no tienes el tiempo necesario para hacerlo, entonces deberías considerar tener un perro adulto. El Capítulo 5 proporciona información detallada sobre los aspectos específicos que debes tener en cuenta para que tu hogar esté listo antes de traer un Dachshund.

Por el lado positivo, tendrás más tiempo con un cachorro que con un adulto. Tendrás acceso a su registro y los de sus padres, lo que facilitará identificar problemas potenciales que puede sufrir. Esto hace más fácil asegurarte de que tu cachorro se mantenga sano y detectar de antemano cualquier problema.

Algunas personas encuentran más fácil crear un vínculo con cachorros que con perros adultos. Es normal que un cachorro joven esté nervioso en un entorno nuevo, pero la mayoría se adapta rápidamente, ya que por lo general están predispuestos a disfrutar la compañía de quienes los rodean. Tu tarea principal será proteger a tu cachorro y asegurarte de adiestrarlo con paciencia. Abordaremos este tema más adelante.

Elegir un criador responsable es una de las mejores decisiones que puedes tomar si deseas adoptar un cachorro, ya que los buenos criadores trabajan solo con padres sanos, lo cual reduce considerablemente las probabilidades de problemas de salud graves. Siempre tómate el tiempo necesario para investigar. Aunque la mayoría de los criadores de Dachshunds son confiables y comprometidos, eso no significa que no existan algunos cuya prioridad sea ganar dinero en lugar de cuidar adecuadamente a sus perros.

Cómo elegir un criador responsable

Una vez que comprendas lo suficiente sobre la raza, es hora de comenzar a hablar con los criadores. El objetivo es determinar quiénes están dispuestos a responder todas tus preguntas con paciencia y honestidad. Deberían ser muy dedicados a sus Dachshunds y asegurarse de que sus cachorros vayan a buenos hogares.

Si encuentras un criador que publica regularmente fotos e información sobre los padres, el progreso de la madre gestante y las visitas al veterinario, esa es una muy buena señal. Los mejores criadores no solo hablarán sobre sus perros y los planes para los padres en el futuro, sino que se mantendrán en contacto contigo después de que lleves el cachorro a casa y responderán cualquier pregunta que te surja. Este tipo de criadores probablemente tendrán listas de espera. El interés activo en saber qué sucede con los cachorros una vez que los adoptan muestra su dedicación a cada perro de manera individual. Es importante que encuentres a alguien que esté dispuesto a hablar sobre los problemas potenciales de los Dachshunds. Si es confiable, se asegurará de que la familia que lo adopte sea capaz de socializarlo y adiestrarlo adecuadamente. Ambas actividades son esenciales a medida que un cachorro crece.

Es probable que, con cada criador que llames, tengas una conversación de aproximadamente una hora. Si, en cambio, no tiene tiempo para hablar y no está dispuesto a hacerlo más tarde, puedes tacharlo de tu lista. Después de haber hablado con cada posible criador, compara las respuestas.

A continuación, encontrarás algunas preguntas clave que debes hacerle a los criadores (asegúrate de tomar notas):

- Pregunta si puedes hacer una visita presencial. La respuesta siempre debe ser afirmativa, de lo contrario, agradécele y cuelga. Incluso si se encuentra en otro estado, debería permitirte ver las instalaciones.

- Pregunta sobre las pruebas de salud requeridas y las certificaciones que tienen para sus cachorros (estos puntos se detallan en profundidad en la sección siguiente). Si no las tienen, táchalo de tu lista.

- Asegúrate de que el criador siempre se ocupe de todos los requisitos iniciales de salud durante las primeras semanas y meses, particularmente las vacunas. Los cachorros requieren que ciertos procedimientos se realicen antes de dejar a su madre para asegurar que estén saludables. Las vacunas y la desparasitación generalmente comienzan alrededor de las seis semanas, y luego deben continuarse cada tres semanas. Para cuando tu cachorro tenga la edad suficiente para ir a casa, debería estar bien avanzado en los procedimientos, o incluso haberlos completado.

- Pregunta si se requiere que el cachorro sea esterilizado o castrado antes de alcanzar cierta edad. Por lo general, estos procedimientos se realizan en el mejor interés de los perros.

- Averigua si el criador es parte de una organización o grupo de Dachshunds.

- Pregunta sobre las primeras fases de la vida de tu cachorro, su cuidado y adiestramiento. Deberían poder proporcionarte muchos detalles sin parecer irritados. Es posible que el criador pueda comenzar a entrenar al cachorro para hacer sus necesidades. Si es así, pregunta qué tan rápido lo ha captado. Querrás poder continuar desde donde lo dejó una vez que su Dachshund llegue a tu hogar.

- Fíjate en qué tipo de consejos da el criador sobre la crianza de tu cachorro Dachshund. Deberían estar más que felices de guiarte para hacer lo mejor para el perro porque querrán que vivan vidas felices y sanas. También deberías poder confiar en las recomendaciones, consejos y cuidados adicionales del criador luego de que el cachorro llegue a casa.

- Pregunta cuántas camadas maneja al año. ¿Cuántos pares de padres tiene? Los cachorros pueden requerir mucho tiempo y atención, y la madre debería tener un descanso entre embarazos. Aprende sobre las operaciones estándar del criador para averiguar si están cuidando a los padres y tratándolos como miembros valiosos de la familia, y no como un medio para ganar dinero.

● Pregunta si los padres son agresivos. También averigua si tienen otras razas: si bien los cachorros son más maleables en cuanto a temperamento que los adultos, si ya han tenido alguna exposición a otras razas, puede ser más fácil integrarlos a un hogar con perros.

Contratos y garantías

Los contratos y garantías de los criadores están destinados a proteger a los cachorros tanto como a ti. Si un criador tiene un contrato que debe firmarse, léelo y asegúrate de estar dispuesto a cumplir con todos los requisitos antes de firmarlo. Los contratos tienden a ser bastante fáciles de entender y cumplir, pero debes conocer todos los hechos antes de aceptar cualquier cosa. Más allá de pagar por el cachorro, debes firmar para establecer que estarás cien por ciento comprometido con cuidarlo lo mejor posible y cumplir con los requisitos mínimos establecidos por el criador. Un contrato también puede decir que el criador retendrá los documentos de registro originales del perro, aunque puedes obtener una copia.

Cuando una familia no cumple con el acuerdo, el criador puede quitarle el cachorro. Estos son los perros que algunos criadores tienen disponibles para adopción.

La garantía establece qué condiciones de salud promete el criador para sus cachorros. Esto típicamente incluye detalles sobre su salud y recomendaciones sobre los próximos pasos en su cuidado una vez que deja las instalaciones del criador. Las garantías también pueden proporcionar horarios para asegurar que la atención médica iniciada por el criador sea continuada por el nuevo dueño. En caso de que se encuentre un problema de salud importante, el cachorro deberá ser devuelto al criador. El contrato también explicará lo que no está garantizado. La garantía tiende a ser muy larga (a veces más larga que el contrato), y debes leerla detenidamente antes de firmarla.

Los contratos de Dachshund por lo general incluyen un requisito de esterilizar o castrar al perro una vez que alcanza la madurez (típicamente seis meses). El contrato también puede contener requisitos de nomenclatura, detalles de salud y una estipulación sobre lo que sucederá si ya no puedes cuidarlo (el perro suele regresar al criador). También podría incluir información sobre lo que sucederá en caso de negligencia o abuso.

Pruebas de salud y certificaciones

Un cachorro sano requiere padres sanos y un historial genético limpio. Un buen criador mantiene registros extensos de todos. Es aconsejable que revises el historial completo de cada uno de los progenitores para entender qué rasgos es probable que herede tu cachorro. Presta atención a las habilidades de aprendizaje, el temperamento, la dependencia y cualquier rasgo de personalidad que consideres importante. Puedes solicitar que los documentos se te envíen electrónicamente u obtenerlos cuando visites al criador en persona.

Podría tomar un tiempo revisar la información de cada padre, pero siempre vale la pena el tiempo que dediques a estudiar y planificar. Cuanto más sepa, mejor preparado estarás para tu cachorro.

Al buscar un Dachshund, hay varias preocupaciones de salud sobre las que deberías preguntar.

Las siguientes son las pruebas de salud a las que todos los Dachshunds deberían someterse:

- Examen cardíaco
- Examen ocular por un miembro de la Sociedad Española de Oftalmología Veterinaria (SEOVET); idealmente, debería estar registrado en el Consejo General de Colegios Veterinarios de España o documentado por un veterinario colegiado especialista.
- Evaluación de rótula

Los criadores que se toman el tiempo de formar parte de una organización especializada en Dachshunds demuestran que realmente priorizan la salud de sus cachorros. Estas organizaciones suelen exigir el cumplimiento de ciertos requisitos estandarizados, por lo que la membresía es un buen indicio de que el criador es confiable y respetable.

Elegir un cachorro de un criador

"Si eliges un cachorro de un criador, asegúrate de conocer la personalidad de los padres. Esto le dirá mucho sobre cómo será el cachorro. Si es posible, conózcalos en persona".

Kim Gillet
Cameo Dachshunds

La elección de tu cachorro debe hacerse en persona. Sin embargo, puedes comenzar a tener contacto con él si el criador está dispuesto a compartir videos y fotos. Una vez que se te permita ver a los cachorros en persona, considera lo siguiente:

- Evalúa al grupo de cachorros como un todo. Si la mayoría o todos son agresivos o temerosos, esto es una indicación de un problema con la camada o (más probablemente) el criador. Si muestran algunos de estos comportamientos, considéralos señales de alerta:
    - Tienen la cola entre las patas
    - Se alejan de las personas
    - Gimotean cuando las personas se acercan
    - Atacan constante tus manos o pies (más allá de saltar)

- Observa qué tan bien juega cada cachorro con los demás. Este es un gran indicador de qué tan bien reaccionará ante cualquier mascota que ya tengas en casa.

- Observa qué cachorros te saludan primero y cuáles se quedan atrás para observar.

- Los cachorros no deben estar gordos ni con bajo peso. Un estómago hinchado es generalmente una señal de parásitos u otros problemas de salud.

- Los cachorros deben tener patas rectas y robustas. Las patas abiertas pueden ser una señal de que algo anda mal.

- Examina sus orejas en busca de ácaros, que causarán secreción. El interior de la oreja debe ser rosado, no rojo o inflamado.

- Los ojos deben ser claros y brillantes.

- Revisa su boca para ver si las encías son rosadas y de aspecto saludable.

- Acaricia al cachorro para verificar su pelaje:

  - Asegúrate de que se sienta grueso y denso. Si el criador ha permitido que el pelaje se enrede o se ensucie, es una indicación de que probablemente los perros no están recibiendo el cuidado adecuado.

  - Busca pulgas y ácaros pasando la mano desde la cabeza hasta la cola, luego debajo de la cola (las pulgas son más propensas a esconderse allí). Los ácaros pueden parecer caspa.

- Revisa su grupa en busca de enrojecimiento y llagas y fíjate si puedes verificar la última defecación para asegurarte de que sea firme.

Elige el cachorro que exhiba los rasgos de personalidad que deseas en tu perro ideal. Si quieres un perro extrovertido, amigable y lleno de energías, el primer cachorro en saludarte puede ser el que buscas. En cambio, si quieres un perro más tranquilo y centrado, busca al que se quede sentado observándote antes de acercarse.

CAPÍTULO 4
Cómo preparar a la familia

Preparar a tu familia para recibir a un Dachshund con una gran personalidad será un desafío único. Su estatura pequeña, altos niveles de energía e inteligencia los hacen unos perritos muy interesantes, y tienden a convertirse en parte de la familia mucho más rápido de lo que podrías esperar. Es muy divertido ver cómo un perro tan pequeño y cómico puede ser tan valiente. Los Dachshunds son inquisitivos, lo que puede hacer que sea fácil olvidar que se debe tener mucho cuidado con ellos.

Como ya se mencionó, es clave que le hagas entender a tu familia que deben tener cuidado con la espalda del perro. A los niños, en especial, se lo tendrás que repetir muchas veces. El Dachshund se ve lindo y adorable, lo que hace que las personas quieran levantarlos y sostenerlos, pero deben evitar hacerlo ya que podrían dañar su espalda. Otros capítulos abordarán los riesgos de salud, pero, por ahora, asegúrate de que todos en la familia entiendan que deben ser cuidadosos con la forma en que interactúan con el pequeño (especialmente los niños más pequeños).

Más allá de eso, deberás tomar varias medidas antes de que llegue tu cachorro a casa, como determinar quién será responsable de sus diferentes necesidades y dónde lo ubicarás durante al menos las primeras semanas (incluso un perro adulto querrá tener un espacio designado mientras se conocen). Necesitarás establecer quién será el principal responsable del cuidado del perro, y asegurarte de que todos los miembros de la familia lo tengan en cuenta.

Planificación del presupuesto para el primer año

Cuidar de un cachorro es mucho más costoso de lo que podrías imaginar. Querrás tener un presupuesto, lo cual es una buena razón para comenzar a comprar suministros con unos meses de anticipación. Cuando lo hagas, podrás darte una idea de cuánto gastarás al mes. Por supuesto, hay algunos artículos que son compras únicas, pero muchos otros tendrán que comprarse con regularidad, como alimentos y golosinas.

Comienza a presupuestar el día que decidas obtener tu cachorro. El costo incluirá la tarifa de adopción, que generalmente es más alta para un perro de raza pura que para uno rescatado.

Los costos del veterinario y otros gastos de atención médica, como las vacunas regulares y chequeos anuales, deben incluirse en tu presupuesto.

La siguiente tabla puede ayudarte a comenzar a planificar tu presupuesto. Ten en cuenta que los precios son promedios aproximados y pueden variar según tu lugar de residencia.

Foto cortesía de Veronica Malhiot

Elemento	Consideraciones	Costos estimados
Jaula	Este debe ser un espacio cómodo donde el cachorro dormirá y descansará.	Jaulas de alambre:Rango 60 € a 350 €
Cama	Esto se colocará en la jaula.	10 € a 55 €
Correa	Al principio debe ser corta porque necesita poder evitar que su cachorro se emocione demasiado y corra hasta el final de una correa larga.	Correa corta: 6 € a 15 € Retráctil: 8 € a 25 €
Bolsas para paseos con perros	Si pasea en parques, esto no será necesario. Para quienes no tienen acceso diario a bolsas, lo mejor es comprar paquetes para asegurarse de no quedarse sin ellas.	Cada uno cuesta menos de 1 €. Packs: de 4 € a 16 €
Collar	Debe ajustarse cómodamente sin quedar demasiado flojo ni apretado. Puede ser complicado al principio, y necesitará ajustarlo a medida que su cachorro crezca.	10 € a 30 €
Etiquetas	Probablemente serán proporcionadas por su veterinario. Averigüe qué información incluyen las etiquetas del veterinario y compre las que falten. Como mínimo, su Teckel debería tener etiquetas con su dirección por si se escapa.	Consulte con su veterinario antes de comprar para verificar si las etiquetas de rabia requeridas incluyen su información de contacto.
Comida para cachorros	Esto dependerá de si usted prepara la comida de su Dachshund, si la compra, o ambas cosas. Cuanto más grande sea el saco, mayor será el costo, pero necesitará comprar comida con menos frecuencia. Al principio, necesitará adquirir comida específica para cachorros, pero dejará de hacerlo después del segundo año. La comida para perros adultos es más cara, así que deberá planificar un aumento en el costo una vez que su cachorro llegue a la adultez.	9 € a 90 € por saco

Cuencos de agua y comida	Estos deberán mantenerse en el área designada para el cachorro. Si tiene otros perros, necesitará cuencos de comida separados para el cachorro. Si su cachorro resulta ser un mordedor entusiasta, considere conseguir un cuenco de acero inoxidable.	10 € a 40 €
Cepillo de dientes/Pasta de dientes	Necesitará cepillarle los dientes regularmente, así que planee comprar más de un cepillo de dientes durante el primer año.	2,50 € a 14 €
Cepillo	Los tipos de pelaje del Dachshund son bastante fáciles de mantener, pero aún así debe cepillarlos regularmente. Cuando son cachorros, el cepillado ofrece una excelente manera de crear vínculos.	3,50 € a 20 €
Juguetes	Definitivamente querrá comprarle juguetes a su cachorro, y necesitará juguetes para masticadores más agresivos, incluso si su cachorro los destruye rápidamente. Es posible que desee seguir comprando juguetes para su Dachshund cuando sea adulto (costo de los juguetes para perros adultos no incluido).	2,00 € Los paquetes de juguetes oscilan entre 10 y 20 € (más conveniente a largo plazo, ya que su cachorro morderá los juguetes rápidamente).
Premios de adiestramiento	Los necesitará desde el principio, y probablemente no será necesario cambiarlos según la edad de su Teckel; sin embargo, puede que deba variar los premios para mantener el interés de su perro.	4,50 € a 15 €

La diferencia de tamaño entre un cachorro y un adulto no es mucha, por lo que no será necesario comprar dos jaulas diferentes u otros suministros. Sin embargo, algunos artículos, como el collar, necesitarán ajustes.

*Foto cortesía de
Shelly Younger*

Cómo enseñar a los niños a convivir con el cachorro

Es importante que tu perro se sienta cómodo desde el primer día. Para eso, es fundamental que tus hijos sean cuidadosos y gentiles con él, ya sea un cachorro o un adulto. El Dachshund es una raza adorable, pero por eso mismo, algunos niños pueden tratarlo como un juguete o un peluche, lo cual puede ser peligroso para él. Asegúrate de que tus hijos comprendan desde el principio que deben seguir ciertas reglas para que el cachorro se sienta seguro, esté feliz y no termine lastimado.

Repite estas reglas con frecuencia, tanto antes como después de que el cachorro llegue a casa. Es probable que los adolescentes puedan colaborar con su cuidado, pero los más chicos no deberían quedarse solos con él durante los primeros meses. También es importante que tú marques los límites con firmeza para evitar que el perro se asuste o se lastime.

A continuación, te compartimos las cinco reglas de oro que tus hijos deben seguir desde el primer contacto con el cachorro.

1. Siempre sean amables y respetuosos.

2. No lo molesten mientras come.

3. Eviten jugar a perseguirse dentro de casa; este tipo de juegos solo debe hacerse al aire libre.

4. El Dachshund siempre debe permanecer con las cuatro patas en el suelo. Nunca lo levanten. (Repítelo con frecuencia para proteger su columna vertebral)

5. Todos los objetos de valor deben estar fuera del alcance del cachorro.

Como es probable que tus hijos te pregunten por qué deben seguir estas reglas, puedes darle una de las siguientes. Usa una versión más simple para los más pequeños, o para iniciar un diálogo con los adolescentes.

Siempre sean amables y respetuosos

Los cachorros Dachshund son muy lindos y adorables, pero también son muy frágiles. No se debe jugar de forma brusca con ellos, ni con ningún perro, sea cachorro o adulto. Es fundamental tratarlo con respeto para que aprenda a comportarse bien con las personas y otros animales.

Repetí esta regla cada vez que jueguen con el cachorro. Sé firme si notas que tus hijos se emocionan demasiado o se vuelven bruscos. No querrás que el cachorro se sobreexcite, porque podría morder a alguien. Si lo hace, no es su culpa (aún está en el proceso de aprender a com-

Foto cortesía de Jessica Lynch

portarse mejor), sino es culpa del niño. Por eso debes asegurarte de que entiendan las posibles consecuencias si se vuelven demasiado bruscos.

Hora de comer

Los Dachshunds, como casi todas las razas, pueden ser protectores con su comida, especialmente si es un perro rescatado. Incluso si es cachorro, no querrás que se sienta inseguro a la hora de comer porque eso lo volverá agresivo. Asegúrate de que todos en la familia entiendan que ese es el momento a solas de tu Dachshund. De la misma manera, enséñales a tus hijos que cuando ellos están comiendo no deben alimentarlo desde la mesa.

Jugar a perseguirse

Tus hijos deben entender que este tipo de juegos están prohibidos dentro de la casa y solo se permiten en el exterior (aunque deberás supervisarlos).

De lo contrario, tu cachorro Dachshund creerá que tu hogar no es un lugar seguro porque lo están persiguiendo. Además, le enseña que correr en interiores está bien, lo que puede ser muy peligroso a medida que crece. Una de las últimas cosas que quieres es que tu pero adulto corra sin parar por tu casa chocando con las personas.

Patas en el suelo

Esta es una regla que puede llevar bastante tiempo hasta que tus hijos la entiendan, ya que los Dachshunds (en especial los cachorros) parecen peluches. Sin embargo, nadie debe levantarlo del suelo. Lo más seguro es que tanto tú como el resto de la familia quieran tomarlo en sus brazos y jugar con él como si fuera un bebé, pero deberán resistir ese impulso. Los niños, en especial, mientras más pequeños son más les costará entenderlo, ya que lo ven más como un juguete que como una criatura viviente.

Por más que sea tentador tratar al Dachshund como un bebé y querer llevarlo en brazos para todos lados, para él es súper incómodo y podría lesionarlo. Por eso, si tus hijos aprenden que no deben levantarlo, se evitarán muchas situaciones indeseadas, como mordiscos o accidentes (como que uno de los niños deje caer al cachorro). Recuerda, esto aplica a toda la familia, ¡incluso a ti!

Mantén los objetos de valor fuera de su alcance

Enséñales a tus hijos que siempre deben poner sus juguetes, ropa y cualquier objeto de valor lejos del alcance del cachorro. De lo contrario, terminarán en su boca o despedazadas.

Cómo preparar a tus perros actuales

Los Dachshunds tienden a ser tranquilos, por lo que la interacción dependerá de la personalidad de los otros perros. Esto significa que, si ya tienes caninos en tu hogar, necesitarán estar preparados para la nueva llegada.

Indicaciones para preparar a tus perros antes de la llegada del nuevo cachorro.

- Establece un horario para las actividades y define quiénes participarán.

- Mantén sus lugares y muebles favoritos sin cambios. Asegúrate de que sus pertenencias y juguetes no estén en el área destinada al cachorro.

- Organiza citas de juego en casa y observa cómo reaccionan ante la llegada de un nuevo integrante.

Establece un horario

Obviamente, el cachorro va a recibir mucha atención, por lo que debes hacer un esfuerzo para que el resto de las mascotas se siga sintiendo amada y cuidada. Reserva un momento de tu día solo para ellas, y mantenlo incluso después de la llegada del cachorro.

Planifica que haya al menos una persona disponible por cada perro que tengas. En el caso de los gatos, por lo general requieren menos atención, pero de todas formas puede ser útil tener otro adulto presente cuando el cachorro llegue a casa. Más adelante veremos en detalles qué función cumplirá cada persona, pero por ahora, apenas sepas la fecha, trata de que estén para ayudarte. Seguro necesitarás recordárselo a medida que se acerca el momento, así que configura una alerta en tu teléfono, así como la fecha, hora e información de recogida para tu cachorro.

Un beneficio de tener un horario establecido con tus otros perros es que luego será fácil mantener el del cachorro. A los Dachshunds les encanta tener una rutina, al menos al principio.

Tu cachorro va a comer, dormir y pasar la mayor parte del día y la noche en su espacio asignado, el cual no puede invadir al resto de las mascotas, sus muebles, camas o cualquier lugar donde descansen. Además, ninguna de sus pertenencias y/o juguetes deben estar en esa área. No querrá que tus otros perros sientan que el cachorro está tomando su territorio.

Deberás mantenerlos separados durante los primeros días (incluso si parecen amistosos) hasta que el cachorro haya recibido todas las vacunas, ya que es más susceptible a enfermedades. Por eso, se aconseja dejarlo en su espacio designado.

Cómo ayudar a tu perro a prepararse: citas de juego en casa

Estas ideas pueden ayudarte a preparar mejor a tu perro para la llegada del cachorro.

- Piensa en la personalidad de tu perro para definir cuál es la mejor forma de prepararlo para los primeros días, semana y meses. Cada perro es único, por lo que es importante tener en cuenta cómo suele reaccionar ante cambios o ante la presencia de otros perros. Si disfruta estar con pares, probablemente se mantenga tranquilo cuando llegue el cachorro. Pero si es más territorial tendrás que introducirlo con más cuidado. Si se pone muy ansioso cuando recibe visitas o se

49

excita fácilmente, quizás necesites ayuda extra para que no se altere demasiado.

- Si nunca ha compartido su espacio propio con otros perros, puedes organizar un par de encuentros en tu casa. De esa manera, podrás observar cómo reacciona y ayudarlo a adaptarse.

Foto cortesía de Karen Syler

También es útil evaluar cómo reacciona frente a cachorros. ¿Se ha mostrado protector o posesivo, ya sea contigo o con otros? La comida es una de las razones por las que los perros mostrarán algún tipo de agresión porque no quieren que nadie intente comer lo que es suyo. También pueden ser protectores con las personas y los juguetes.

Las presentaciones entre perros son importantes, no importa cuántos tengas. Piensa en un plan que te permita presentarlos con tranquilidad. Al igual que las personas, puedes descubrir que cuando están juntos, actúan de manera diferente, lo que deberás tener en cuenta al planificar su primera introducción.

Consulta el Capítulo 8 para planificar esta presentación, y cómo manejar un nuevo cachorro y tus mascotas actuales.

Potencialmente amigable con toda la familia, incluso con gatos

Una de las razones por las que tantas personas eligen adoptar un Dachshund es porque la raza suele ser muy afectuosa y sociable. Sin embargo, los perros adultos que han tenido malas experiencias o que no han sido socializados adecuadamente pueden no llevarse tan bien con los gatos, por lo que es importante ser cuidadoso al momento de presentarlos. Incluso si el gato es más grande que el nuevo integrante de la familia, no le tendrá miedo. Sin embargo, los Dachshunds tienden a ser fáciles de presentar a perros y gatos que ya están en tu hogar. Por supuesto, si tu gato corre, el cachorro pensará que es un juego, pero ellos solo quieren jugar.

También, deberás hacer algunos preparativos en tu casa (Capítulo 5), y tomar recaudos al presentar a tu nuevo Dachshund a las otras mascotas (Capítulo 7).

CAPÍTULO 5
Cómo preparar tu casa y armar una rutina

Más allá de la edad del Dachshund, necesitarás varias horas para preparar tu hogar. Dado que tanto los cachorros como los adultos están cerca del suelo, muchas de las precauciones que tomes serán las mismas: debes ver todos los riesgos potenciales a ese nivel.

Por muy inocentes que parezcan, debes recordar que los Dachshunds son perros inteligentes, y pueden descubrir cosas que no te imaginas. Esto significa que van a estar mirando alrededor, viendo qué pueden explorar, lo cual representa un riesgo para tu cachorro. Será curioso e intentará meterse en armarios, botes de basura y otros objetos que sean accesibles. Preparar tu casa para un cachorro lo suficientemente pequeño como para meterse en espacios estrechos es muy complicado.

Foto cortesía de Shari Starling

Foto cortesía de
Chloe Reynolds & Conor Chuck

La semana previa a su llegada, debes realizar numerosas verificaciones para asegurarte de que tu hogar sea seguro para el Dachshund y, además, que tenga un espacio con todos sus elementos esenciales y juguetes. Esto hará que su llegada sea un gran momento para todos, en especial para él.

Incluso si es adulto, también debes estar preparado. Los Dachshunds tienen que aprender que tú estás al mando, lo que significa que debe ganarse tu respeto antes de que lo escuchen. Si aún no ha aprendido a no agarrar comida, subirse a los muebles o cualquier otra restricción que hayas implementado, tendrás mucho trabajo por delante cuando se trate de adiestrarlo. Preparar tu casa a prueba de perros te ayudará a mantenerlo seguro mientras aprende a escucharte.

Photo Courtesy
Erin Green

Cómo crear un espacio seguro tu perro

Tu cachorro necesitará un espacio con una jaula (más información en la siguiente sección), recipientes para comida y agua, almohadillas absorbentes y juguetes. Esta área debe ser segura y estar vallada para que no pueda salir, y los niños pequeños y otros perros no puedan entrar. Allí también podrá realizar sus actividades, sentirse cómodo y descansar.

Consejos y advertencias sobre el cuidado de su espalda

La espalda del Dachshund es el mayor riesgo para su salud. Incluso si no tiene problemas genéticos, puede lastimarse si no preparas adecuadamente tu hogar. Esto será aún más crítico para un adulto que para un cachorro.

Recuerda, nunca debes levantarlo, ya que puedes generarle muchos problemas y lastimarlo. Para asegurarte de que no sea necesario llevarlo en brazos, instala rampas para ayudarlo a que acceda a aquellas áreas donde se le permite ir. Por ejemplo, si le das permiso para que esté arriba del sofá, una rampa le facilitará subir y bajar. Recuerda que saltar a diario aumenta significativamente las probabilidades de lesiones en la espalda.

También puedes instalar pequeños escalones. Si tienes escaleras, está bien, solo asegúrate de que no sean demasiado empinadas. Si lo

Photo Courtesy
Jennifer Wyatt

son, usa una barrera para bebés para evitar que las use. Esto significará que el área del Dachshund estará en la planta baja.

Jaulas y adiestramiento con jaula

El adiestramiento con jaula puede ser bastante fácil (mucho más que para hacer sus necesidades), pero no si tienes una jaula que es demasiado grande, pequeña o dura para que tu perro sienta que es un lugar seguro. Para facilitar el adiestramiento más adelante, debes asegurarte de que su jaula y su cama ya estén instaladas y listas antes de que llegue.

Nunca trates la jaula como si fuera una prisión. Tu Dachshund nunca la debe asociar al castigo o a las emociones negativas, si no que está destinada a ser un refugio después de la sobreestimulación, o cuando es hora de dormir. Debe ser ajustable para que puedas agrandarla cuando el cachorro se convierta en adulto. También puedes conseguir una transpor-

Photo Courtesy
Elisabeth Linka

tadora para los primeros días y facilitar los viajes al veterinario, pero no te servirá cuando tu Dachshund sea adulto.

Como ya se mencionó, puedes usar la jaula para el entrenamiento para hacer sus necesidades. Si bien los Dachshunds no tienden a ser fáciles de entrenar para esto, es posible que necesites colocar una almohadilla absorbente en su área lo más lejos posible de la jaula. Esto le dará un lugar para ir si, por ejemplo, está lloviendo y no puede salir. Es muy importante que averigües si el criador ya ha comenzado con el entrenamiento. En caso de que notes que el cachorro está progresando, es posible que la almohadilla absorbente no sea necesaria.

Suministros y herramientas

Planificar la llegada del cachorro también significa comprar muchos suministros por adelantado. La lista es más larga de lo que la mayoría de la gente cree, así que ten en cuenta lo que necesitarás según tu hogar y circunstancias. Si comienzas a hacer compras en el momento en que identificas al criador indicado, puedes distribuir los gastos durante un período de tiempo más largo. Esto hará que parezca mucho menos costoso de lo que realmente es. A continuación, se enumeran algunos artículos que debes tener listos antes de la llegada del cachorro:

- Jaula
- Cama
- Correa
- Bolsas para residuos
- Collar
- Chapas identificatorias
- Comida para cachorros/adultos (dependiendo de la edad)
- Recipientes para agua y comida (compartir un recipiente de agua está bien, pero tu cachorro necesita su propio plato de comida si tienes varios perros)
- Cepillo y pasta de dientes
- Cepillo para pelaje
- Juguetes
- Premios para adiestramiento
- Rampas o escalones si planeas usarlos

Habla con tu veterinario antes de comprar cualquier medicamento, incluidos los tratamientos contra pulgas.

*Foto cortesía de
Emily Badman*

Prepara la casa a prueba de cachorros

"Piensa como un cachorro. Acuéstate en el suelo y observa en donde podría meterse. Busca pequeñas aberturas, cables eléctricos, espacios u objetos frágiles o peligrosos. Colócalos en altura o asegúralos para que no pueda acceder a ellos. Ten cuidado con los productos químicos que utilizas para limpiar porque todo irá a parar a sus bocas. Asegúrate de que todo lo que puedan alcanzar sea seguro para que jueguen y mastiquen".

Shona Malapelli
Malapelli's Minions Miniature Dachshunds

Prepararse para la llegada de un cachorro lleva tiempo, y todas las habitaciones y objetos más peligrosos de tu hogar serán igual de peligrosos para tu él como lo serían para un bebé. La mayor diferencia es que tu Dachshund va a estar activo y querrá recorrer toda la casa. Es probable que corra riesgo de lastimarse si no eliminas todos los peligros antes de su llegada.

Ten en cuenta que los cachorros intentarán comer cualquier cosa: nada está a salvo, ni siquiera los muebles. Roerán madera y metal.

Riesgos y soluciones en interiores

Esta sección detalla las áreas dentro de tu hogar donde debes centrar tu atención. En caso de algún inconveniente, ten el número del veterinario a mano, como en el refrigerador y en otra habitación de la casa. También agéndalo en tu móvil y asegúrate de que todos los miembros de tu familia lo tengan.

Los Dachshunds pueden meterse en casi todo lo que esté a su altura, y les encanta explorar. Por muy inteligentes que sean, es mejor sobrestimar lo que tu cachorro puede hacer y prepararse en consecuencia. Agáchate a nivel del suelo y chequea cada habitación desde su perspectiva. Seguramente encontrarás al menos una cosa que pasaste por alto.

Peligros	Soluciones	Tiempo Estimado
Cocina		
Venenos	Mantenga en armarios seguros y a prueba de niños o en estantes altos	30 min
Cubos de basura	Use un cubo de basura con cierre o guárdelo en un lugar seguro	10 min
Electrodomésticos	Asegúrese de que todos los cables estén fuera de alcance	15 min
Comida Humana	Manténgala fuera del alcance	Constante (empiece a convertirlo en un hábito)
Suelos		
Superficies resbaladizas	Coloque alfombras o tapetes especiales que se adhieran al suelo	30 min – 1 hora
Área de adiestramiento	Entrene en superficies antideslizantes	Constante
Baños		
Cepillo de baño	Tenga uno que se cierre o manténgalo fuera del alcance	5 min/baño
Venenos	Guárdelos en armarios seguros a prueba de niños o en estantes altos	15 – 30 min/baño
baños	Mantener cerrado No use productos químicos automáticos para limpiar el inodoro	Constante (empiece a convertirlo en un hábito)
Armarios	Manténgalos cerrados con seguros a prueba de niños	15 – 30 min/ baño
Lavandería		
Ropa	Guarde la ropa limpia y sucia fuera del suelo y fuera del alcance	15 – 30 min

Veneno (lejía, cápsulas/detergente, toallitas para secadora y otros venenos)	Mantenga en armarios seguros y a prueba de niños o en estantes altos	15 min

En el hogar

Plantas	Manténgalas fuera del suelo	45 min – 1 hora
Cubos de basura	Tenga un cubo de basura con cierre o manténgalo en un lugar seguro	30 min
Cables eléctricos, cables de persianas	Escóndalos o asegúrese de que estén fuera de alcance; preste especial atención a las áreas de entretenimiento y computadoras	1.5 horas
Venenos	Verifique que no haya ninguno al alcance (WD40, limpiacristales/pantallas, limpiador de alfombras, ambientadores); mueva todos los venenos a un lugar centralizado y cerrado con llave	1 hora
Ventanas	Asegúrese de que los cables no estén al alcance en todas las habitaciones	1 – 2 horas
Chimeneas	Guarde los productos de limpieza y herramientas donde el cachorro no pueda alcanzarlos. Cubra la abertura de la chimenea con algo que el cachorro no pueda derribar	10 min/chimenea
Escaleras	Bloquee el acceso para que su cachorro no intente subir o bajar; asegúrese de probar cualquier puerta para cachorros	10 – 15 min
Mesas de café/ Mesas auxiliares/ Mesillas de noche	Limpias de objetos peligrosos (p. ej., tijeras, equipo de costura, bolígrafos y lápices) y objetos de valor	30 – 45 min

Si tienes un gato, mantén la caja de arena elevada del suelo. Debe estar en algún lugar al que tu gato pueda acceder fácilmente, pero tu Dachshund no. Como esto implica enseñarle a usar la nueva área, es algo que debes hacer con bastante antelación a la llegada del cachorro. No querrás que tu gato experimente demasiados cambios a la vez. Si notas que asocia el cambio con el cachorro, quizás se niegue a usar la caja en forma de protesta.

Riesgos y soluciones en exteriores

Esta sección detalla todo aquello afuera de tu casa a lo que debes prestar mucha atención antes de la llegada del cachorro. También es aconsejable que tengas el número del veterinario a mano en esta área.

Peligros	Soluciones	Tiempo Estimado
Garaje		
venenos	Manténgalos en armarios seguros y a prueba de niños o en estantes altos (por ejemplo, productos químicos para el coche, suministros de limpieza, pintura, cuidado del césped), esto incluye fertilizantes	1 hora
cubos de basura	Guárdelos en un lugar seguro	5 min
herramientas (por ejemplo, de jardinería, automotrices, ferretería, eléctricas)	Asegúrese de que todos los cables estén fuera de alcance: Manténgalos fuera de alcance y nunca colgando de las superficies	30 min – 1 hora
equipamiento (por ejemplo, deportivo, de pesca)	Manténgalo fuera de alcance y nunca colgando de las superficies	Constantemente (empiece a hacerlo un hábito)
objetos cortantes	Manténgalos fuera de alcance y nunca colgando de las superficies	30 min
bicicletas	Guárdelas fuera del suelo o en un lugar al que el Dachshund no pueda llegar (para evitar que el cachorro muerda las llantas)	20 min

Vallado

Reparaciones	Arregle cualquier ruptura en la cerca. Los Dachshunds son expertos en escaparse, así que asegúrese de que no puedan salir fácilmente de su jardín.	30 min – 1 hora
Huecos	Rellene cualquier hueco, incluso si es intencional, para que su Dachshund no se escape	30 min – 1 hora
Agujeros/Depresiones en la Base	Rellene cualquier área por la que se pueda pasar fácilmente por debajo	1 – 2 horas

Patio

Veneno	No deje ningún veneno en el jardín	1 – 2 horas
Plantas	Verifique que ninguna planta baja sea venenosa para los perros; cercar cualquier planta que lo sea (como las vides de uva)	45 min – 1 hora
Herramientas (p. ej., herramientas de jardinería y mantenimiento del césped)	Asegúrese de que estén fuera de su alcance; asegúrese de que nada cuelgue de los bordes de las mesas exteriores	30 min – 1 hora

Nunca dejes a tu Dachshund solo en el garaje, incluso cuando sea adulto. Es probable que frecuente el garaje al realizar viajes en automóvil contigo, por lo que es importante prepararlo a prueba de cachorros.

Como los Dachshunds fueron criados para cavar, deberás asegurarte de que no haya áreas que tengan agujeros, si no, podrá hacerlos más profundos. En caso de que tengas una cerca, deberás inspeccionarla bien, por lo menos una vez al mes, para asegurarte de que no haya nada que pueda desenterrar con facilidad.

Además, deberás revisar todas las inmediaciones para chequear que tu cachorro no haya hecho agujeros. Esta es también la razón por la que nunca puedes dejarlo afuera por su cuenta. Siempre debes supervisarlo cuando salga al baño o a jugar, ya que, cuando se aburre, es muy probable que comience a cavar.

Al igual que dentro de casa, deberás revisar cada zona de los exteriores desde la perspectiva de un cachorro. De nuevo, casi con toda seguridad encontrarás al menos una cosa que pasaste por alto.

Cómo elegir al veterinario indicado

Debes comenzar a buscar un veterinario incluso antes de elegir un criador. Ya sea que adoptes un cachorro o un adulto, tendrás que llevarlo al veterinario dentro de las 24 a 48 horas de su llegada para asegurarte de que está sano. Lo mejor será que elijas uno que quede cerca de tu casa o, idealmente, que ya haya trabajado o se especialice en Dachshunds. Considerando la personalidad del Dachshund, querrás un profesional que sepa cómo trabajar con un perro terco. Conseguir una cita puede llevar tiempo, y más aún si se especializa en una raza en particular, por eso es aconsejable que ya tengas la primera cita reservada con antelación.

Qué tener en cuenta al buscar un veterinario:

- ¿Qué nivel de familiaridad tiene con los Dachshunds?

- No es necesario que sea un especialista; los Dachshunds son una raza muy popular. Sin embargo, lo ideal es que cuente con algo de experiencia con ellos, más que nada por los problemas de salud intrínsecos de la raza. En el caso de que ya esté familiarizado, será más fácil que pueda identificar los síntomas lo antes posible.

- ¿A qué distancia de tu casa se encuentra?

- Es aconsejable que no esté a más de 30 minutos, en caso de emergencia.

- ¿Está disponible para emergencias fuera de horario o, de lo contrario, puede recomendar a un colega?

- ¿Forma parte de un hospital veterinario local, o deriva a los pacientes a un hospital para mascotas local?

- ¿Es el único veterinario o uno de varios socios? Si forma parte de una sociedad, ¿puedes optar por un solo veterinario para las visitas al consultorio?

- ¿Cómo se reservan las citas?

- ¿Realiza otros servicios, como peluquería y alojamiento?
- ¿Está acreditado?
- ¿Cuáles son los precios de la visita inicial y las visitas de rutina?
- ¿Qué pruebas y controles se realizan en la visita inicial?

Antes de que llegue tu perro a casa, tómate el tiempo de ir al veterinario que estás considerando para ver cómo es el ambiente dentro del consultorio. Pregunta si puedes hablar con el profesional y que responda a tus preguntas. Se sabe que su tiempo es valioso, pero debería tener unos minutos. De esta manera, te sentirás seguro de que es la elección correcta.

CAPÍTULO 6
Cómo llevar a tu Dachshund a casa

La primera vez que tu Dachshund entre por la puerta será una experiencia memorable que recordarás a lo largo de los años. Rápidamente se convertirá en parte de tu hogar, y todo comienza con su llegada. Sin embargo, hay mucho que deberás tener en cuenta para asegurarte de que aprenda quién está a cargo.

Nunca se sabe con exactitud cómo reaccionará tu cachorro o perro adulto, pero sí puedes estar seguro de que ambos atravesarán un perío-

Foto cortesía de Traci Gratzek

Foto cortesía de
Sophie Ford

do de incertidumbre. Dado su carácter afable y su curiosidad, es probable que no sientas tanta ansiedad como con otras razas pequeñas. Es probable que esa curiosidad prevalezca y tu cachorro quiera explorar. Aun así, es importante que esa exploración ocurra en un entorno seguro, sin dejarlo correr libremente por la casa, incluso si es un adulto. Es posible que el perro adulto sea un poco más precavido, y puede que no sepas qué experiencias previas ha tenido.

Asegúrate de leer el Capítulo 7, donde se explica cómo presentar a tu perro adulto en un hogar con varias mascotas. Aunque los Dachshund no suelen ser agresivos, tu nuevo perro podría no haber tenido vivencias positivas con otros pares. Por eso, es fundamental manejar la situación con calma durante los primeros días.

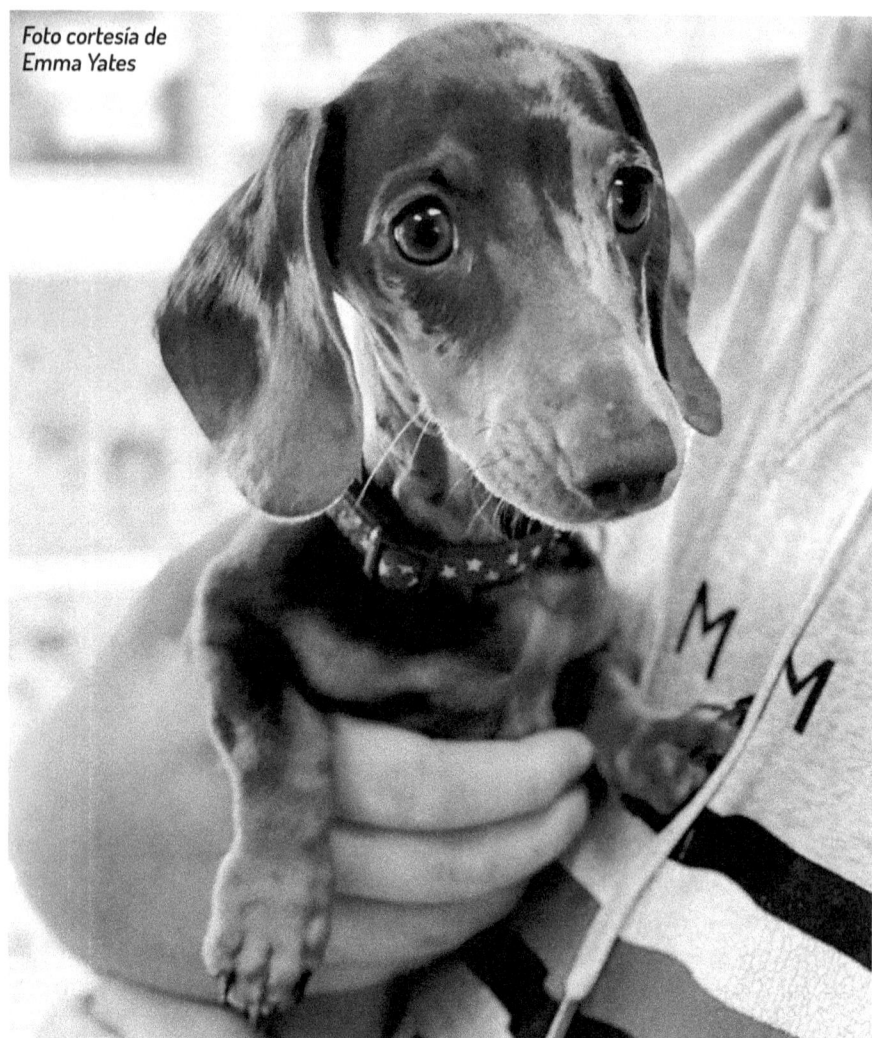

Foto cortesía de Emma Yates

Preparativos finales y planificación

La mayoría de las razas inteligentes requieren que estés con ellos de manera constante durante la primera semana y tanto como sea posible el primer mes. Pueden encontrar la manera de escapar de su zona designada, por lo que siempre debe haber alguien en casa. Es aconsejable que te tomes unos días libres en el trabajo o trabajar desde casa durante al menos las primeras 24 horas, si no las primeras 48 horas. El mejor escenario sería que puedas quedarte durante la primera semana o dos.

Cuanto más tiempo le puedas dedicar a tu cachorro para que se acostumbre a su nuevo entorno, más rápido se sentirá cómodo.

A continuación, encontrarás algunas listas útiles para ayudarte con la preparación para tu cachorro y qué esperar de su llegada a casa.

Asegúrate de tener alimentos y otros suministros a mano

Verifica que tengas todo lo necesario. Si hiciste una lista basada en los suministros básicos del Capítulo 5, revísala el día antes de que llegue tu Dachshund y asegúrate de tener todo. Esto puede ahorrarte tener que salir corriendo a comprar después de la llegada de tu nuevo miembro de la familia.

Organiza un horario tentativo para el cachorro

Prepara un horario tentativo para el transcurso de la primera semana. Tus días se volverán muy ocupados, por lo que necesitas un punto de partida antes de que llegue el cachorro. Las tres actividades más importantes para las que necesitas establecer un horario son:

- Alimentación
- Adiestramiento (incluido el entrenamiento para hacer sus necesidades)
- Juego

Si bien los cachorros están llenos de energía, requieren muchas horas de sueño: entre 18 y 20 al día. Tener una rutina ayudará a que crezca más saludable.

Al principio, no tendrás que preocuparte porque llegue cansado al final del día, pero a medida que crezca, su resistencia aumentará bastante rápido y será cada vez más activo. Una de las mejores características de esta raza es que suelen tener niveles de energía acordes a cada situación, por lo que no tendrás que esforzarte tanto para cansar a tu Dachshund como lo harías con un Beagle o un Jack Russell Terrier. De todas maneras, deberás asegurarte de que reciba suficiente ejercicio según su ingesta calórica, ya que son propensos a la obesidad, lo que ejerce mucha presión sobre sus espaldas.

En los primeros días, el horario de tu cachorro girará en torno a dormir y comer, con algunas caminatas y algo de socialización. Las horas de vigilia incluirán adiestramiento y juego.

Haz una inspección final rápida antes de que llegue el cachorro

No importa cuán ocupado estés, o cuán cuidadosamente hayas seguido las listas de verificación del capítulo anterior, debes inspeccionar tu casa una última vez antes de que llegue el cachorro. Reserva una hora o dos para completar esta tarea.

Reunión inicial

Junta a todos los miembros de la familia para dejar en claro todas las reglas del Capítulo 4 antes de que el cachorro sea una distracción. Esto incluye cómo manejar al cachorro. Determina quién será el principal responsable de su cuidado, y adiestrador. Para que los niños más pequeños aprendan sobre la responsabilidad, un padre puede emparejarse con un niño y pueden ocuparse de cosas como mantener el recipiente de agua lleno y alimentarlo, mientras el adulto supervisa las tareas.

Cómo recoger al cachorro y hacer el viaje a casa

Esto requiere bastante planificación y preparación, en especial si vas a la casa del criador. En lo posible, trata de hacerlo un fin de semana o al comienzo de unas vacaciones para que puedas pasar tiempo en casa con él.

Para el viaje a casa lo más seguro y cómodo para el cachorro será una jaula o transportadora. También, será necesario que te acompañe un adulto.

- La jaula debe estar anclada al automóvil e incluir un cojín. Si el viaje es largo, lleva comida y agua, y dáselos durante los intervalos. No los coloques dentro de la jaula ya que, con el movimiento del auto, se pueden volcar. Puedes cubrir el fondo de la jaula con una toalla o una almohadilla absorbente en caso de accidentes.

- Llama al criador para asegurarte de que todo sigue según lo programado y el cachorro está listo para que lo recojas.

- Pregunta si puedes conseguir que la madre deje su olor en una manta para ayudar a que la transición del cachorro sea más cómoda.

- Recuérdale a la persona que va a acompañarte que esté preparada y a tiempo para ir al lugar de recogida.

- Si tienes otros perros, asegúrate de que todos los adultos involucrados sepan qué hacer, la hora y dónde ir para esa primera reunión en territorio neutral.

En caso de que no tengas otras mascotas, puedes ir directamente a casa. Si tienes un viaje largo (más de un par de horas), haz paradas cada tanto para que tu cachorro pueda estirarse, hacer ejercicio, beber y hacer sus necesidades. Nunca lo dejes solo: si tienes que usar el baño, al menos un adulto debe permanecer con él.

Pregúntale al criador si el cachorro ha estado en un automóvil antes y, si no, es muy importante tener a alguien que pueda prestarle atención mientras la otra persona conduce. Si bien estará en la jaula, lo ideal es que lo puedan consolar si llora. Este es el momento de enseñarle que los viajes en automóvil son agradables.

Cuando llegues a casa, lleva al cachorro o perro afuera de inmediato para que pueda hacer sus necesidades. Incluso si tuvo un accidente en el camino, este es el momento de comenzar a adiestrarlo sobre dónde usar el baño.

Qué esperar de la primera visita al veterinario

Dentro del primer o segundo día de la llegada de tu cachorro es necesario que lo lleves al veterinario. De esta manera, establecerás una base para su salud y el veterinario podrá seguir su progreso y monitorearlo para asegurar que todo vaya bien a medida que tu Dachshund crece. La evaluación inicial te brindará más información, también podrás hacer preguntas y obtener consejos. Además, crea una relación importante entre el cachorro y el profesional.

Foto cortesía de Peyton Wilhelm

Esa primera visita será interesante y muy diferente a las posteriores. Trata de aliviar la ansiedad de tu cachorro, ya que esta experiencia determinará como serán las consultas futuras.

Hay varias cosas que debes hacer antes del día de la cita:

- Averigua con qué anticipación debes llegar para completar el papeleo.

- Averigua si debes llevar una muestra de heces. Si es así, recógela esa misma mañana.

- Lleva cualquier documentación para que el veterinario la agregue a los registros de tu cachorro o perro.

Cuando lleguen al consultorio, tu cachorro puede querer conocer a los otros cachorros y personas, lo cual es algo positivo siempre que tengas en cuenta algunas reglas básicas. Después de todo, esta es una oportunidad para que trabajes en su socialización. Siempre pregunta antes al dueño si le parece bien que ambos cachorros se conozcan, y espera su aprobación. Las mascotas que están allí probablemente no se sientan muy bien y no estén de ánimo amigable: no querrás que un perro mayor gruñón o un animal enfermo muerda o asuste a tu cachorro. Las experiencias sociales negativas son algo que recordará, y harán que tema o se resista a ir al veterinario. Tampoco querrás que esté expuesto a posibles enfermedades mientras aún recibe sus vacunas.

Durante la primera visita, el veterinario realizará una evaluación inicial. Una de las cosas más importantes que hará será pesarlo. Esto es algo que vas a tener que monitorear durante toda su vida porque la raza es propensa a la obesidad. Registra el peso para ver qué tan rápido crece. Pregúntale al profesional cuál es el peso saludable en cada etapa, y anótalo también. Los Dachshund crecen súper rápido durante el primer año, pero debes asegurarte de que no esté ganando más peso del que es saludable.

El veterinario establecerá la fecha para el próximo conjunto de vacunas, que probablemente ocurrirá no mucho después de su llegada. Cuando sea el momento de vacunarlo, es probable que durante un día o dos se sienta mal.

Adiestramiento con jaula y otros adiestramientos

Como ya se mencionó, el adiestramiento comienza desde el momento en que tu Dachshund se convierte en tu responsabilidad. Considerando el hecho de que puede ser terco, querrás acostumbrarlo a la idea de que tú estás a cargo. Esto ayudará a contrarrestar su naturaleza obstinada. No esperes que el adiestramiento elimine el comportamiento, pero al menos tu nuevo cachorro entenderá cuál es la jerarquía.

Los cachorros menores de seis meses no deberían permanecer en la jaula muchas horas. No podrá contener sus vejigas tanto tiempo, por lo que debe asegurarte de que tenga una forma de salir y hacer sus necesidades. Si es un adulto que no está adiestrado, sigue las mismas reglas.

Repite esto durante varias semanas hasta que se sienta cómodo en la jaula y aprenda que no es un castigo. En un comienzo, tendrás que hacerlo mientras estás en casa o cuando sales por el correo. Tan pronto como tu cachorro pueda pasar media hora sin lloriquear mientras estás fuera de la habitación, puedes comenzar a dejarlo solo por no más de una hora. Una vez que entienda que no debe destrozar tu hogar, el adiestramiento con la jaula estará completo.

El enfoque durante estas primeras semanas es comenzar el adiestramiento para hacer sus necesidades y minimizar cualquier comportamiento indeseable. Hacerlo desde el principio es clave, pero todavía no puedes llevarlo a una clase, ya que la mayoría de los cachorros no han recibido todas las vacunas necesarias. Por ende, si es un buen adiestrador, no lo admitirán hasta que se complete la primera ronda completa de vacunas. Los Capítulos 10 y 12 detallan los diferentes tipos de adiestramiento.

Cómo pasar la primera noche

La primera noche va a ser aterradora para tu Dachshund. Sin embargo, al igual que con un bebé, cuanto más respondas a los llantos y gemidos, más entenderá que los comportamientos negativos le darán los resultados deseados. Deberás estar preparado para actuar con equilibrio para proporcionarle seguridad de que las cosas estarán bien y, al mismo tiempo, evitar que el cachorro aprenda que llorando va a obtener tu atención.

Foto cortesía de
Ariel Bosin

Crea un área para dormir solo para tu Dachshund, con su cama dentro de la jaula, cerca de donde tú duermes. Esto le ofrece un lugar seguro para esconderse y sentirse más cómodo en un entorno nuevo. La zona debe estar bloqueada para que nadie pueda entrar (y el cachorro no pueda salir) durante la noche. Si pudiste conseguir una manta o almohada con el olor de la madre, asegúrate de colocarla también en su espacio. Si puedes, pon ruido blanco para cubrir sonidos desconocidos que podrían asustarlo.

Lo más probable es que el cachorro haga ruidos durante la noche, pero no debes moverlo, incluso si sus gemidos te despiertan. Si cedes, con el tiempo los gemidos, lloriqueos y llantos se volverán más intensos. Alejarlo de las personas solo aumentara su ansiedad. Durante la noche, tu cachorro llora porque ha pasado mucho tiempo, está asustado o simplemente quiere compañía, lo más seguro es que nunca haya dormido solo. Evita problemas futuros enseñándole que llorar no siempre le servirá para salir de la jaula. Con el tiempo, saber que estás cerca será suficiente para que se sienta seguro.

Los cachorros necesitan ir al baño cada dos o tres horas. Por lo tanto, tendrás que levantarte durante la noche para asegurarte de que haga sus necesidades afuera o en la almohadilla. Si lo dejas pasar por la noche sin salir, te va a costas más trabajo enseñarle a hacer pis donde corresponde.

Los Dachshund no deberían tener permitido subirse a la cama, ya que no es conveniente que salten desde los muebles. Pero en el caso de que los permitas, deberás instalar una rampa o escalera, y enseñarle a usarlas para subir y bajar sin lastimarse. También será necesario que esperes hasta que domine por completo tanto el entrenamiento para hacer sus necesidades como para usar la escalera o rampa. Lo más recomendable es mantener a tu Dachshund alejado de los muebles, para evitar que se lastime y para conservarlos en buen estado.

CAPÍTULO 7
Hogar con múltiples mascotas

"Nunca dejes a tu nuevo cachorro solo con tus otras mascotas. La supervisión durante el juego es imprescindible. Puedes permitirles que se acostumbren el uno al otro, pero siempre debes estar presente. Los cachorros tienen dientes muy afilados y aún no entienden que morder fuerte duele. Esto puede provocar que una mascota adulta reaccione de forma brusca".

Shona Malapelli
Malapelli's Minions Dachshunds Miniatura

Foto cortesía de
Aaron and Minette McGeehon

La naturaleza tranquila y tierna de los Dachshunds suele hacer que se integren fácilmente a la familia. Los cachorros suelen ser más cariñosos desde un principio; en cambio, los adultos pueden ser un poco más complicados: si han sido socializados, generalmente no presentarán problemas y si no, podría llevar más tiempo hasta que se sientan como en casa.

En muchos casos, la introducción de tu Dachshund podría depender de cómo se sienten tus otras mascotas respecto a la llegada de otro perro al hogar y como se llevan con sus pares. Pero mientras se lleven bien, será muy fácil lograr que se acostumbren entre sí.

Será casi imposible mantenerlos separados, por lo que necesitarás presentarlos. La mejor manera de proteger a tu cachorro es tener las vacunas de todos actualizadas y realizar un chequeo de salud antes de que llegue el nuevo cachorro, incluso si adoptas un adulto.

Aunque todos los perros involucrados tiendan a llevarse bien con sus pares, necesitarás seguir el mismo procedimiento para presentarlos. Es una cuestión de asegurarse de que todos se sientan cómodos, más aún durante el primer encuentro. Planea que la primera reunión sea en terreno neutral, no en tu casa, sin importar cuán amigable sea tu perro actual. Después de esa introducción, será fácil que tu Dachshund se integre con el resto de tus mascotas.

Tener ya un perro en casa puede resultar beneficioso, incluso si adoptas un adulto, ya que le puede enseñar las reglas. Si eliges un cachorro, podría ser un gran mentor, dependiendo de su paciencia. Tener otro perro también facilita la socialización porque es probable que tu Dachshund observe cómo te obedece. Sin embargo, esto funciona en ambos sentidos: si tu perro actual tiene mal comportamiento, es recomendable corregirlos antes de que llegue el cachorro, no querrás que copie malos hábitos.

Cómo presentar el nuevo cachorro a tus otras mascotas

Siempre debes presentar a todas tus mascotas en un lugar neutral lejos de tu hogar, más allá de la edad que tengan. Incluso si nunca has tenido problemas con tu perro actual, estás a punto de cambiar su mundo. Para hacerlo, elige un parque o área pública donde no se sienta territorial, esto les da a los animales la oportunidad de conocerse antes de estar juntos en tu casa.

Al presentarlos, asegúrate de que haya un adulto por perro, para mantenerlos bajo control. Incluso los perros más tranquilos pueden emocionarse demasiado al conocer a un cachorro. En lo posible, las personas presentes deben ser las mismas que estarán a cargo de las mascotas en casa, de esta manera, será más sencillo establecer la jerarquía de la manada.

No sostengas al cachorro cuando los perros se conozcan. Por más que lo quieras proteger y hacer sentir cómodo, estarás generando el efecto contrario. Lo más probable es que se sienta atrapado, sin forma de escapar. En cambio, si lo dejas en el suelo podrá correr si siente la necesidad de hacerlo. Párate cerca de él con los pies un poco separados. De esa manera, si necesita escapar, puede esconderse rápidamente detrás de tus piernas.

Observa si a tu perro se le eriza el pelo del lomo. Si esto sucede o lo notas nervioso, mantenlos separados hasta que parezca más cómodo con la situación. Nunca debes forzar el encuentro. El cachorro y cada perro deben tener unos minutos para olerse mutuamente, asegurándote de que la correa no esté tirante. Esto ayudará a que se sientan más relajados ya que no sentirán que estás tratando de contenerlos. Pueden suceder dos cosas: tu perro querrá jugar con el cachorro o simplemente lo ignorará.

Foto cortesía de Deborah Perez

- Si quiere jugar, ten cuidado de que no lastime al cachorro por accidente.

- Si lo ignora luego de un olfateo inicial, eso también está bien.

La presentación podría llevar tiempo, dependiendo de la actitud de cada uno. Cuanto más amigable y receptivo sea tu perro, más fácil será incorporar al nuevo cachorro al hogar. Para algunos caninos, una semana es tiempo suficiente para comenzar a sentirse cómodos juntos. Para otros, podría tomar un par de meses antes de que acepten por completo a la nueva incorporación a la familia. Dado que esta es una dinámica nueva, es posible que a tu perro actual no le agrade, y más si ya está acostumbrado a cierto estilo de vida. Cuanto mayor sea, peor será su desagrado. Los perros mayores pueden ponerse gruñones con un cachorro que no entiende las reglas o no controla sus niveles de energía. Es importante que entiendas que el objetivo es hacer que tu Dachshund se sienta bienvenido y seguro, mientras le haces saber a tu perro mayor que tu amor por él sigue siendo tan fuerte como siempre.

Una vez que todos comiencen a conocerse y sentirse cómodos entre sí, pueden dirigirse a casa. Al entrar, tendrán un poco más de familiaridad entre ellos, lo que hará que se sientan más cómodos.

*Foto cortesía de
Kayley Von Der Lieth*

Una vez en casa, llévalos al patio y quítale las correas. Necesitarás un adulto por cada canino. Si parecen estar bien o el perro es indiferente al cachorro, puedes dejarlo entrar, volver a ponerle la correa al cachorro y mantenerlo con la correa mientras entra (después de mostrarle dónde debe hacer sus necesidades).

Una vez terminadas las presentaciones, coloca a tu Dachshund en el área que armaste para él. Asegúrate de que los otros perros no puedan entrar en esta zona y que el cachorro no pueda salir.

Cómo presentar un perro adulto a tus otras mascotas

Siempre debes abordar la introducción y las primeras semanas con precaución. El nuevo Dachshund adulto necesitará sus propias cosas al principio, y debe mantenerse en un área separada cuando tú no estés hasta que sepas que no habrá peleas. Si tus perros no son territoriales y disfrutan jugar, tomará menos tiempo para que tu Dachshund se integre a la manada.

Planifica que la introducción dure al menos una hora. Probablemente sea menos tiempo, pero debes asegurarte de que todos estén cómodos durante la presentación. Piensa que, al ser adultos, necesitarán avanzar a su propio ritmo.

Sigue los mismos pasos que seguirías para presentar un cachorro.

- Comienza en un territorio neutral.

- Convoca una persona por perro.

- Presenta un perro a la vez, no permitas que varios saluden al Dachshund al mismo tiempo, ya que podría generarle mucho estrés.

A diferencia de la presentación de un cachorro, aquí debes asegurarte de llevar golosinas. Los caninos responderán bien a las golosinas, y tendrás una forma de distraerlos rápidamente si están demasiado tensos.

Observa si a alguno de ellos se le eriza el pelo del lomo. Esta es una de las primeras señales obvias de incomodidad o nerviosismo. Si sucede con el Dachshund, retrocede un poco con las presentaciones llamando primero a tu perro actual con golosinas. Evita tirar de las correas para separarlos, ya que solo agregarás tensión física a la situación y se podría desencadenar una pelea. Las golosinas funcionarán para todos, y tus otros perros deberían poder responder cuando los llames por sus nombres.

Si alguno está mostrando los dientes o gruñendo, llámalo y dale a los demás la oportunidad de calmarse primero. Usa las golosinas y háblales con voz suave para lograr que se relajen. Lo importante es que todos se sientan cómodos durante el primer encuentro, así que no fuerces la amistad. Si parecen incómodos o miedosos al principio, deja que avancen a su propio ritmo.

Tu Dachshund y los perros mayores

Si tu perro actual es mayor, ten en cuenta que los cachorros tienen mucha energía y probablemente tratarán de jugar, pero esto puede ser muy agotador para él. Asegúrate de que no se estrese porque no querrás que tu cachorro aprenda a gruñir a otros perros. Estate atento a las señales de que tu perro mayor está listo para un tiempo a solas, con usted o simplemente un descanso del cachorro.

Una vez que tu Dachshund esté listo para dejar su área de manera definitiva, deberás asegurarte de que tu perro mayor aún tenga lugares seguros donde estar solo. Esto reducirá los gruñidos, por lo tanto, el cachorro aprenderá a ser cuidadoso con los perros mayores.

Incluso si adoptas un Dachshund adulto, puede tener mucha energía y querer jugar con otros perros. Esto puede ser un problema con perros mayores, así que asegúrate de que sus años dorados no se vean afectados por un nuevo canino con altos niveles de intensidad.

Agresión canina y comportamientos territoriales

Aunque son conocidos por ser tranquilos, cariñosos y sociables, los Dachshunds pueden ser muy agresivos, e incluso, aparecen en listas de perros violentos. Algunos dueños han reportado problemas de agresión con sus perros a la edad de seis semanas. Será súper importante que aprendas cómo entrenarlo adecuadamente tan pronto muestre algún rasgo hostil. No puedes reaccionar con violencia o gritos porque eso refuerza la agresión.

Si no se entrenan adecuadamente, los perros pueden descargar su agresión en extraños. Algunos Dachshunds que no están bien socializados serán muy suspicaces con las visitas. Si no quieres tener que aislarlo cuando tienes compañía, vas a tener que aprender a entrenarlo. No es complicado, solo debes ser firme, constante y paciente para sacar su personalidad amigable.

Cuando recibas visitas, deberás decirles cómo interactuar con tu Dachshund. Si se siente amenazado o asustado, puede reaccionar agresivamente. Por ejemplo, si alguien lo levanta, puede ser una experiencia aterradora, por más bien entrenado que esté. Se ven lindos y adorables, pero eso no significa que quieran ser manipulados. Dado lo fácil que es lesionar su espalda, deberá ser firme sobre cómo interactúan con él.

Pueden ser pequeños y amigables, pero cuando están asustados o heridos, los Dachshunds ladrarán, o en los peores casos, morderán. Se necesita mucho para terminar en la lista de razas más agresivas. La razón por la que la mayoría de las personas no se dan cuenta de este aspecto es por su apariencia. Sin embargo, dada su historia, los Dachshunds pueden ser bastante feroces. Recuerda que agresivo no significa mortal, pero sí peligroso. Otras razas pequeñas que también en esta clasificación son los Jack Russell Terriers y los Chihuahuas.

No uses collares de ahorque u otros reforzadores negativos: no solo lastiman, sino que un Dachshund no reacciona bien al refuerzo negativo porque piensa por sí mismo. En cambio, lo que le estás enseñan-

Foto cortesía de Carolynn Hardcastle

do es que no sabes cómo manejar la situación y lo fuerzas a comportarse de cierta manera. Por otro lado, lo que sí funciona son las golosinas y la eliminación de cualquier situación negativa. Recompénsalo por el buen comportamiento, y cuanto más seguido haga lo que le dices, más a menudo lo recompensarás. El capítulo 12 explica cómo entrenarlo.

En casa, deberás ser más cuidadoso. A pesar de su tamaño, no es el tipo de perro que retrocede, por lo que si sientes que alguien lo está de-

Foto cortesía de
Kristy L. Hamilton

safiando o está tomando uno de sus juguetes, puede reaccionar de forma agresiva. Mientras es joven, es más fácil entrenarlo para que no tenga este tipo de comportamiento, pero si es mayor deberás vigilarlo en todo momento y nunca dejarlo a solas con otras mascotas o niños. Un Dachshund adulto tiene que aprender a ser parte de la manada y reaccionar bien ante las personas que juegan con juguetes y otros artículos. Por eso es esencial ser siempre firme y constante.

Hay dos tipos principales de agresión que debes controlar.

- La agresión por dominancia: cuando tu perro quiere demostrar control sobre otro animal o persona. Se observa a partir de los siguientes comportamientos en reacción a cualquier persona que se acerque a sus pertenencias (ya sean juguetes o un plato de comida):

  - Gruñir

  - Mordisquear

  - Lanzar tarascones

Este es el comportamiento que el líder de la manada tiene para advertir a otros que no deben tocar sus cosas. Si tu Dachshund reacciona así hacia ti, un miembro de la familia u otra mascota que se acerca a sus cosas, siempre debes intervenir de inmediato, corregirlo diciéndole "No", y luego elogiarlo cuando se detenga.

No dejes que el Dachshund esté solo con otras personas, perros o animales mientras muestre este tipo de comportamiento. Él probará los límites, y si no estás allí para intervenir, probablemente intentará mostrar su dominio.

Debes entrenarlo para que no reaccione con agresión. Una vez que estés seguro de que ese comportamiento ha sido eliminado, puedes dejarlo interactuar con tu perro a solas por períodos cortos, mientras estás en otra habitación o en algún lugar cercano, pero fuera de su vista. Con el tiempo, puedes dejar a tus mascotas solas cuando salgas a buscar el correo o hagas recados. Eventualmente, podrás dejarlo solo con otros perros sin preocuparte de que él o uno de tus otros perros se sienta obligado a mostrar dominio.

- Los machos bien socializados están más interesados en conocer y saludar a otros perros. En cambio, si no están socializados pueden ser agresivos y dominantes. Las hembras tienden a ser más predecibles; son más distantes incluso cuando están adecuadamente socializadas. Además, es menos probable que sean tan agresivas o dominantes cuando no están socializadas.

Tu Dachshund tendrá que aprender que el hogar no es solo suyo. Pertenece a las personas y a las otras mascotas también, y él es parte del hogar, no el jefe de la casa.

Fuerte instinto natural de caza

Habiendo sido criados para perseguir a pequeños animales en madrigueras, no debería sorprender que los Dachshunds puedan enfocarse mucho en otros animales cuando están afuera, desde ardillas hasta gatos. Pueden emocionarse un poco y comenzar a perseguir criaturas que cometen el error de correr cuando ellos ladran. Si bien pueden llevarse bien con los animales en tu hogar, pueden estar más estimulados cuando están al aire libre. Su larga historia podría hacer que caminar sea un poco más complicado, incluso después de que estén adecuadamente socializados. Aunque no tendrás que preocuparte demasiado de que te arrastre en un intento de atrapar una ardilla u otro pequeño animal cercano, deberás prepararte para entrenarlo para que esté menos enfocado en cazar. No querrás que rompa la correa o se le salga el collar y escape. Aunque no lo parezca, los Dachshunds pueden correr muy rápido.

También deberás tener cuidado con la presentación con gatos, debido a la posibilidad de que el gato corra. Los Dachshunds lo verán como una señal de que es hora de jugar, por lo que querrán perseguirlo. Los cachorros probablemente serán más fáciles de presentar a los gatos porque su capacidad para correr se verá obstaculizada por sus patas cortas. Deberás planificar cómo socializarlo con el gato mucho antes de que se le permita correr libremente por la casa. Siempre debes estar presente cuando interactúen para corregir cualquier comportamiento indeseado.

Es poco probable que el instinto de caza sea un problema con tus mascotas actuales, pero ten cuidado con roedores o animales más pequeños que tengas. Coloca las jaulas de roedores en altura para que no pueda alcanzarlas y lejos de cualquier cosa sobre la que el perro pueda pararse. No suele haber problemas, pero hay que ser precavido. Si tienes otras mascotas pequeñas, deberás mantenerlas en áreas a las que tu Dachshund no tenga acceso.

Los conejos, hurones o hámsteres huirán si se sienten amenazados, lo que tu cachorro probablemente tomará como una invitación para jugar. Dado que estas mascotas suelen estar dentro contenedores o jaulas, a tu Dachshund no le parecerá muy interesante, pero si llegaran a salir, debes vigilar su instinto de caza. Es decir, si no tienes cerca no debes permitir que tu perro esté sin correa.

Prácticas a la hora de comer

Al principio, tu cachorro Dachshund se alimentará en su área especial, por lo que la hora de la comida no será un problema. Una vez que comience a comer en el mismo espacio que los otros perros, puedes usar las siguientes sugerencias para reducir la posibilidad de comportamiento territorial.

Eventualmente, puedes comenzar a alimentar a los perros cerca unos de otros. Puede tomar semanas o meses, dependiendo de la edad del Dachshund cuando llega a tu hogar. Un cachorro requerirá menos tiempo porque será socializado con los perros desde una edad temprana, lo que lo hará menos cauteloso. Eso no significa que no muestre comportamiento territorial, pero probablemente no tomará mucho tiempo para que comience a sentirse cómodo comiendo cerca del resto de la manada.

Para perros adultos, podría tomar más trabajo, y no debes apresurarlo. Deja que aprenda a sentirse cómodo comiendo antes de hacer cambios, incluso pequeños. Todas las razas pueden ser protectoras con su comida, dependiendo de sus experiencias previas, pero esto se exacerba si son protectoras como el Dachshund. Necesitan sentirse seguros de que este comportamiento protector no es necesario alrededor de otros perros para que puedan comer sin incidentes. Eso significa dejar que su confianza y comodidad se desarrollen a su propio ritmo.

CAPÍTULO 8
Las primeras semanas

"Una vez completado el calendario de vacunación del cachorro, puedes sacarlo para que socialice. Conoce personas y otros perros. Las clases para cachorros son una excelente manera de comenzar. En casa, invita a personas varias veces para que aprenda que es normal tener visitas en su hogar".

Kim Gillet
Cameo Dachshunds

Foto cortesía de
Kimberley Kruse

Dormir consumirá la mayor parte de la primera semana de tu cachorro Dachshund. El resto del tiempo lo verás alternando entre la emoción y el nerviosismo. Cuando comience a entender que tu hogar es un lugar seguro, su personalidad empezará a manifestarse, y es entonces cuando las cosas se pondrán interesantes. La inteligencia de un Dachshund a menudo se muestra como curiosidad, lo que significa que necesitarás mantenerlo vigilado.

En este momento, también necesitarás comenzar la socialización (una vez completadas las vacunas) y el adiestramiento. Si el criador ya ha iniciado el entrenamiento para hacer sus necesidades, querrás continuar usando su método para facilitar un poco el proceso.

El vínculo que comienzas a construir en la primera semana continuará desarrollándose durante los próximos meses. Al final del primer mes, tu cachorro debería estar durmiendo toda la noche y podría tener una comprensión bastante buena de dónde hacer sus necesidades. También tendrás una buena idea de su personalidad, lo que facilitará saber cómo consolarlo durante sus momentos de incertidumbre.

El primer mes es cuando necesitas prestar atención a la personalidad de tu cachorro. Con un Dachshund, probablemente será cuando notes que eligió a una persona favorita. Esto no significa que no quiera al resto de la familia, sino que se sentirá más cómodo con ella. No lo tomes como algo personal si no fuiste el elegido, podría significar que el favorito necesitará tomar el adiestramiento muy en serio y que caerá mucha más responsabilidad sobre sus hombros. Eso no exime al resto de la familia de cuidar al perro y tampoco significa que no quiera a la familia: querrá que todos estén juntos, especialmente cuando se trata de paseos o momentos de juego.

Como con todas las razas inteligentes, cuando se trata de adiestramiento, la clave es mantener la constancia; eso significa todos, no solo la persona favorita. Utiliza lo que vas aprendiendo sobre la personalidad de tu cachorro para fomentar el buen comportamiento.

Cómo establecer las reglas y mantenerlas

Tu cachorro necesita entender las reglas y saber que tú y tu familia las respetan; por eso es aconsejable que siempre adoptes un enfoque firme y constante. Los Dachshunds suelen estar pensando y analizando la situación: una vez que aprenda a escucharte, adiestrarlo para hacer

Foto cortesía de
Roy Jordan

trucos será mucho más fácil. También será más probable que te haga caso una vez que entienda la jerarquía del hogar. No importa cuán adorable sea, mirándote con esos ojos grandes y orejas caídas, por el bien de ambos, necesitas hacerle saber quién manda con firmeza, pero sin ser amenazante.

Establece una política de no saltar y no morder

Si no están adecuadamente adiestrados, los Dachshunds morderán a los niños cuando tengan miedo. Es tu responsabilidad asegurarte de que tu perro aprenda a jugar correctamente, lo que significa no saltar sobre las personas ni mordisquearlas. Entre sus instintos naturales y los problemas dentales, también es mejor evitar jugar al tira y afloja. Siempre deben evitarse los juegos que impliquen morder o mordisquear.

También querrás adiestrarlo para que no salte, así evitarás que se lesione la espalda. Este adiestramiento comienza desde la primera semana después de su llegada.

Mordisquear

- Uno de los desencadenantes del mordisqueo es la sobreestimulación, que puede ser una de las señales de que tu cachorro está demasiado cansado para seguir jugando o entrenando y deberías ponerlo a dormir.

- Otro desencadenante podría ser que tiene demasiada energía. Si este es el caso, sácalo afuera para que libere parte de ese exceso. Al mismo tiempo, ten cuidado de no ejercitarlo demasiado.

Debes estar atento y enseñarle a tu cachorro que el mordisqueo no es aceptable. Algunas personas recomiendan usar un rociador de agua mientras le dices "No" cuando lo encuentras en el acto. Este es uno de los pocos casos en que el castigo puede ser efectivo, pero debes tener cuidado de que no lo asocie con nada más que con el mordisqueo.

Siempre dile a tu cachorro "No" con firmeza cuando esté mordisqueando, incluso si es durante el juego. También debes apartarte y decir "¡Ay!" en voz alta para que entienda que sus dientes te están haciendo daño. Esto ayudará a establecer la idea de que este comportamiento es malo y nunca se recompensa.

Masticar

Todos los cachorros mastican para aliviar el dolor de la dentición, pero puede ser un problema costoso para tu perro. Ya sea que esté masticando tus muebles, utensilios o ropa, querrás desalentar este comportamiento lo más rápido posible.

- Asegúrate de tener juguetes (ya sea adulto o cachorro) para que puedas enseñarle qué cosas son aceptables para masticar. Tener muchos disponibles, y rotarlos, ayudará a darle una variedad de opciones.

- Si tu cachorro está en la etapa de dentición, refrigera un par de juguetes para que estén fríos, o dale zanahorias congeladas. El frío ayudará a adormecer el dolor.

- Los juguetes hechos de goma o nylon duros son los más aconsejables, particularmente los Kong con croquetas en su interior. Incluso puedes llenarlos con agua y congelarlos, lo que aliviará el dolor de la dentición.

Trata de mantener a tu cachorro vigilado cuando esté fuera de su espacio designado, y cuándo veas que está masticando cosas que no debería, dile "No" con firmeza. Si no te hace caso, ponlo de nuevo en su área. Mientras esté allí, asegúrate de que tenga muchos juguetes para masticar.

Si decides usar disuasivos para esta conducta, como aerosoles amargos y de adiestramiento, ten en cuenta que quizás a algunos perros no les importará el mal sabor y masticarán de todos modos. Por eso es importante que observes cómo reacciona tu cachorro antes de confiar en este tipo de productos. Dado que los Dachshunds sufren de ansiedad por separación, necesitarás encontrar una manera de aliviar este problema lo antes posible para que el tuyo pueda deambular libremente por la casa. Sin embargo, como estos disuasivos no son tan efectivos como podrías esperar, es mejor tratar de adiestrarlos para que no mastiquen.

Saltar

Los perros suelen saltan sobre las personas cuando las saludan por primera vez. Sigue estos pasos cuando recibas una visita (en lo posible, consigue un ayudante, lo que hará el adiestramiento mucho más fácil).

Adiestramiento: ¿recompensa o disciplina?

Otros capítulos detallan los diversos aspectos del adiestramiento, pero es importante tener en cuenta que es más eficiente adiestrar con recompensas que con castigos, especialmente para una raza inteligente como el Dachshund. Esto será un desafío particular ya que los cachorros pueden ser inquietos y se distraen fácilmente. Es importante recordar mantener la calma y aprender cuándo es necesario hacer un descanso.

Existen varios aspectos en los que necesitarás trabajar durante el primer mes:

- Entrenamiento para hacer sus necesidades (Capítulo 9)
- Entrenamiento con jaula (Capítulo 6)
- Ladridos (Capítulo 11)

Averigua hasta dónde llegó el criador en términos de entrenamiento con el cachorro, incluso puede haberle enseñado uno o dos comandos. Si este es el caso, sigue usando esos mismos comandos para reforzar lo

Foto cortesía de Karen Mayr

aprendido. Esto puede ayudarte a establecer el tono de voz correcto, ya que el cachorro sabrá lo que significan las palabras y cómo reaccionar ante ellas. Una vez que entienda eso, será más sencillo avanzar. Es otra excelente manera de hacerle saber cuándo hablas en serio y cuándo quieres jugar. Tu Dachshund captará con facilidad estas distinciones y estará más que feliz de complacerte.

Ansiedad por separación en perros y cachorros

"La ansiedad puede ser común en los Dachshunds. Los perros son animales de manada y quieren estar juntos. Si notas esto en tu cachorro, comienza por quedarte en un lugar donde pueda verte y, con el tiempo, aumenta la distancia. Luego trata de estar fuera de su vista por períodos cortos y regresa antes de que se ponga ansioso. Aumenta el tiempo con cada sesión".

Mary Lee Wood
Zoey's Doxies

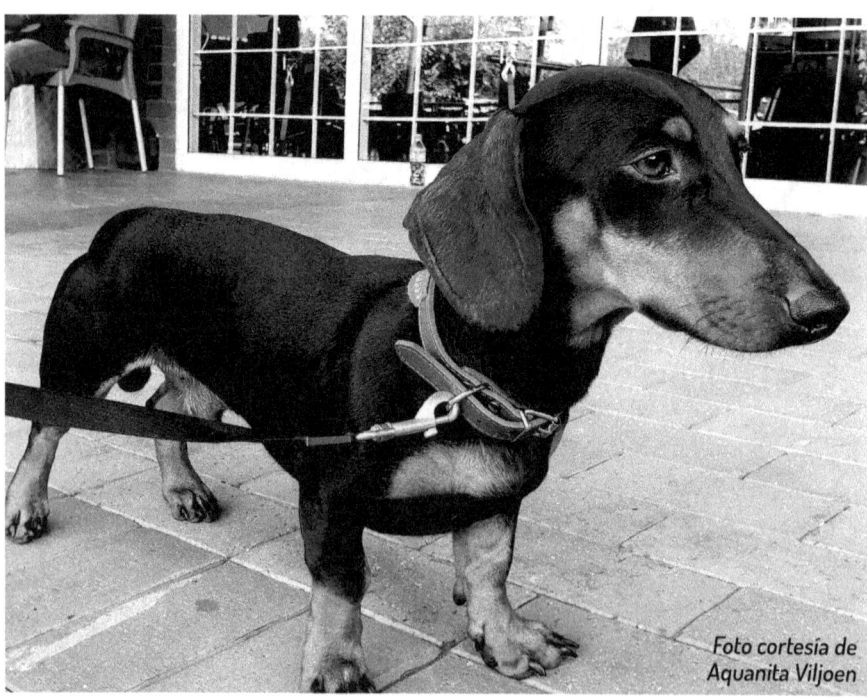

Foto cortesía de
Aquanita Viljoen

Los Dachshunds no son el tipo de perro que se desenvuelve bien cuando se los deja solos. Entre la ansiedad por separación y su inteligencia, pueden volverse destructivos. Deberás planificar cómo ayudarlo a saber que todo estará bien, incluso si tienes que dejarlo solo durante unas horas. Además de asegurarte de que tu perro esté cansado antes de salir de casa, hay varias formas en que puedes prepararlo para esos días que se queda solo en casa.

Al principio, mantén el tiempo a solas del cachorro al mínimo. Los sonidos de las personas moviéndose por la casa lo ayudarán a entender que la separación no es permanente. Después de la primera semana más o menos, puedes salir a buscar el correo, dejándolo solo por unos minutos. Luego, puedes alargar los períodos que estás lejos de él hasta que esté solo durante unos 30 minutos a la vez.

Algunas pautas básicas para cuando empieces a dejar solo a tu cachorro:

- Saca al cachorro unos 30 minutos antes de irte.

- Ejercítalo o juega con él para que esté cansado y tu partida no sea tan significativa.

- Colócalo en su área designada mucho antes de irte, para que no asocie ese lugar con algo negativo.

- Evita darle atención extra justo antes de salir, ya que esto puede reforzar la idea de que algo malo va a suceder.

- No lo regañes por lo que haya hecho mientras no estabas. Reprenderlo solo aumentará su estrés y podría interpretar que vuelves a casa enojado.

Si tu Dachshund muestra signos de ansiedad por separación, existen varias estrategias para ayudarlo a sentirse seguro durante tu ausencia.

- Los juguetes para masticar son ideales para que se distraiga mientras tú no estás.

- Una manta o camisa con tu olor o el de otros miembros de la familia también puede proporcionarle consuelo. Si has usado la prenda y no está muy sucia, esto es ideal, solo asegúrate de que no haya estado en contacto con productos químicos. Considera darle algo que sabes que no volverás a usar, en caso de que lo haga pedazos.

- Deja el área bien iluminada, incluso si es durante el día. Si algo sucede y llegas a casa más tarde de lo que creías, no querrás que tu pequeño esté en la oscuridad.

- Pon algo de música (si es clásica, mejor) o prende el televisor (pueden ser programas antiguos que no tengan ruidos fuertes) para que la casa no esté completamente en silencio y los ruidos desconocidos sean menos evidentes.

A tu Dachshund no le tomará mucho tiempo notar el tipo de comportamientos que indican que te estás por ir: tomar las llaves, bolso, billetera o ponerte un abrigo rápidamente se convertirán en desencadenantes que pueden hacer que tu cachorro se sienta ansioso. No lo hagas más grande de lo que es, solo actúa normal, y verás que con el tiempo entenderá que tu partida es algo habitual y que todo estará bien.

¿Cuánto tiempo solo en casa?

No se recomienda dejar a tu perro por más de ocho horas seguidas. Lo más probable es que tolere estar solo entre cuatro y ocho horas, pero períodos más largos podrían generarle problemas. Esta no es la raza indicada para ti si pasas muchas horas fuera de casa.

Uno de los problemas al principio es que tu perro necesitará estar en una jaula, por lo tanto, estará enjaulado durante todo el tiempo que estés fuera. Inicialmente, este tiempo debe ser muy corto. A medida que aprenda a hacer sus necesidades en el lugar correcto y sea más confiable, deberá estar fuera de la jaula para que no lo sienta como un castigo. Entonces, no se sentirá bien si lo dejas allí durante horas. Necesitas encontrar algunos juegos mentales o actividades que tu cachorro pueda hacer para evitar que se vuelva destructivo. Por este motivo, es vital que tu hogar esté preparado, en especial si adoptas un Dachshund adulto. Una vez que esté entrenado con la jaula y comiences a dejarlo solo por períodos más largos, querrás asegurarte de que cualquier impulso destructivo esté controlado.

No te excedas, física o mentalmente

"Caminar siempre es un buen ejercicio para todos los Dachshunds. Un cachorro debe comenzar de a poco y solo durante unos 10 minutos, ya que sus músculos y huesos no están desarrollados del todo. A los seis meses recién podrían caminar alrededor de unos 30 minutos seguidos. Y al año, una hora ".

Mary Lee Wood
Zoey's Doxies

Un cachorro cansado es muy parecido a un niño: tienes que evitar que se agote, que sus patas se sobrecarguen y sus huesos no se dañen. Lo más probable es que tu cachorro no quiera dormirse, sin importar cuán cansado esté. Por eso, es tu responsabilidad detener todas las actividades y ponerlo a dormir o tomar un descanso cuando lo consideres necesario.

El adiestramiento debe realizarse mediante incrementos de tiempo, con los cuales el perro se sienta cómodo. No debes presionarlo para que se concentre, ni desalentarlo con comandos que son demasiado avanzados para él. Si insistes con el adiestramiento más allá de sus niveles de energía, las lecciones que aprenda no serán las que quieres enseñarle. A esta edad, las sesiones deben ser cortas y constantes.

Al comienzo, los paseos serán más cortos, por eso, cuando salgas, no te alejes mucho de tu casa. Pero para fines del primer mes, tu cachorro tendrá mucha más resistencia: podrán disfrutar de caminatas más largas y viajes cortos. Al final del primer año, debería poder trotar, dependiendo del consejo del veterinario. También puedes hacer un poco de carrera con la correa en el patio si tu cachorro tiene mucha energía extra. Esto ayudará a que aprenda cómo comportarse con la correa mientras corre. Los cachorros suelen morder la correa porque sienten que no pueden moverse libremente. Son buenos compañeros para trotar, pero cuando envejecen, sacarlos a correr puede ayudar a gastar parte de esa energía y evitar que tengan sobrepeso.

Si disfrutas de salir a correr y quieres hacerlo con tu Dachshund, recuerda que debes esperar hasta que tenga al menos un año, una vez que haya desarrollado algo de resistencia.

El hecho de que tu cachorro no pueda dar largos paseos al principio no significa que no tendrá mucha energía. El ejercicio diario será esencial y contribuirá a una buena salud y estimulación mental, aunque es importante que no lo sobrecargues. También será beneficioso para ti, ya que estarás en constante movimiento mientras él esté despierto.

Foto cortesía de
Jessica Kyei-Yamoah

CAPÍTULO 9
Entrenamiento para hacer sus necesidades

Aunque los Dachshunds son populares por ser mascotas super inteligentes, son muy difíciles de entrenar para hacer sus necesidades. Ya sea cachorro o adulto, el entrenamiento será tan complejo como enseñarle a un niño a dejar los pañales, y necesitarás ser igual de paciente. También es importante que le hagas entender que tú eres quien está a cargo y que tu casa no es un lugar apto para que haga sus necesidades.

Establecer una rutina será esencial, pero debes poder mantenerla para que tu Dachshund sepa cuándo es el momento apropiado. Si actúas con firmeza y constancia (sin ser cruel), podrá entender lo que le estás tratando de enseñar.

Usar una correa puede ser útil para que tu cachorro aprenda cuándo y dónde ir, pero será todo un desafío que entienda que hay un lugar designado para hacer sus necesidades y no es dentro de tu hogar.

Asegúrate de aplicar siempre estas dos reglas:

1. Nunca dejes que deambule solo por la casa, siempre debe estar en su área cuando no lo estés vigilando. A tu Dachshund no le agradará la idea de estar en una jaula sucia, por lo que será un elemento disuasorio, pero es posible que no tome el mismo enfoque en otras áreas de la casa si se le permite deambular libremente.

2. Proporciónale acceso constante y fácil a los lugares donde planeas entrenarlo para que haga sus necesidades. Necesitarás salir varias veces mientras aprende. Cuando lo hagas, ponle la correa para señalarle cuál es el lugar designado.

Siempre comienza con un plan de entrenamiento, luego se incluso más estricto contigo mismo que con tu cachorro para mantener ese horario. Recuerda que tú eres su guía.

Todo un desafío

La paciencia y la constancia son claves. Observa a tu cachorro y notarás las señales de que necesita hacer sus necesidades. Algunas son: moverse en círculos, agacharse o lloriquear. Asegúrate de sacarlo una vez que se despierte por la mañana, después de comer y después de jugar.

Shona Malapelli
Malapelli's Minions Miniature Dachshunds

Algunos dueños sienten que pasan toda la vida de su Dachshund entrenándolo para que no haga sus necesidades dentro de casa. A veces el problema puede estar relacionado a que sufren de ansiedad por separación, pero no lo hacen con malicia, simplemente no saben cómo lidiar con estar solos. Otras veces, el problema recae en que el dueño no

entiende las señales, por lo que el cachorro no puede contenerse más y hace sus necesidades dentro.

Recuerda, tu Dachshund es un perro pequeño, al igual que su vejiga. Deberás establecer un horario, el cual facilitará que entienda que hacer sus necesidades afuera no es una opción, sino una obligación. Esto también te ayudará a saber cuándo es hora de sacarlo.

Hay muchas recomendaciones en la web, pero, en última instancia, el mismo proceso constante funcionará. Este capítulo se centra en las bases para completar el entrenamiento con éxito.

Pasos básicos para un buen entrenamiento:

1.   Asegúrate de que tu Dachshund esté entrenado con jaula (Capítulo 6).

2.   Estate atento a sus señales de que está buscando un lugar para hacer sus necesidades.

3.   Establece un horario y síguelo al pie de la letra. Tu Dachshund lo entenderá y comenzará a esperar las salidas en los momentos establecidos.

4.   Elogiarlo resulta más efectivo y es más sano que premiarlo con golosinas, especialmente porque la raza es propensa a la obesidad. Tan pronto como responda a los elogios, deja de lado las golosinas.

5.   Ten paciencia. Cada perro es diferente, por lo que no puedes saber cuánto tiempo tomará el entrenamiento. Los Dachshunds reaccionan a las emociones humanas, y el entrenamiento será mucho más difícil si comienza a asociar el entrenamiento con emociones negativas.

Dentro o fuera: opciones y consejos para el entrenamiento

Si el criador ya ha comenzado a entrenar al cachorro para hacer sus necesidades, mantén su mismo método. Esto aumentará las probabilidades de que progrese más rápido.

¿Cuáles son las opciones de entrenamiento?

- **Empapadores –** Debes tener varios alrededor de la casa para el entrenamiento, incluso en el área del cachorro, pero tan lejos de tu cama como sea posible.

- **Salidas regulares al exterior** – Organízalas según el horario de sueño y alimentación de su cachorro.

- **Recompensas** – Puedes usar golosinas al principio, pero cambia a elogios lo antes posible.

Al principio, la mejor manera de entrenarlo es salir muchas veces, incluso por la noche. Durante los primeros meses, es mejor usar una correa cuando lo saques, ya que aprenderá a caminar con correa y evitará que se distraiga antes de hacer sus necesidades.

Una advertencia: no lo elogies hasta que haya terminado. Interrumpirlo a mitad del proceso puede hacer que se detenga, aumentando las probabilidades de que termine dentro de casa.

*Foto cortesía de
Chloe Reynolds & Conor Chuck*

Establecer un horario

Deberás controlar al cachorro y tener sesiones de entrenamiento constantes:

- Después de comer

- Después de despertar de dormir o de cada siesta

- Según un horario (después de que se haya establecido)

Foto cortesía de Wanita Raposo

Foto cortesía de Sandra Mazzafera

Una de las cosas más importantes es observar a tu Dachshund: si comienza a olfatear y dar vueltas en círculos, quiere decir que está buscando un lugar para hacer sus necesidades. Debes adaptar tu horario a sus necesidades.

Los cachorros tienen vejigas pequeñas y poco control durante los primeros días. Si tienes que entrenarlo para que haga dentro de casa, debe tener un espacio designado con una almohadilla absorbente limpia en su área. Asegúrate de cambiarlas con regularidad para que no se acostumbre a tener desechos cerca. Las almohadillas son mejores que el periódico y más absorbentes. Incluso si las usas, necesitarás planificar la transición para que el cachorro haga afuera, de modo que aprenda que tu casa es el lugar incorrecto para ir.

Elegir una ubicación

Designar un espacio para el "baño" de tu cachorro ayudará a facilitar el entrenamiento, ya que lo asociará a ese único propósito, en lugar de olfatear hasta encontrar un lugar de su elección. También simplificará la limpieza y te permitirá usar el resto del patio o jardín sin preocuparte por pisar desechos.

Dado que a los Dachshunds les encanta cavar, probablemente esta área deba estar alejada de las cercas. Además, pueden ser muy exigentes con el clima, por lo que la ubicación es clave: si está cerca de la puerta y bajo algún tipo de protección, lo animará a salir siempre.

Cuando salen a pasear es el momento perfecto para que lo entrenes. Entre los paseos y el patio, tu cachorro llegará a ver la correa como una señal de que es hora de hacer sus necesidades.

Préstale atención todo el tiempo que esté afuera. Necesitas asegurarte de que entienda cuál es el propósito de salir. Es decir, no lo dejes solo afuera y asumas que va a hacer sus necesidades: hasta que no haya más accidentes en casa, debes verificar que tu cachorro no se distraiga mientras está afuera.

Entrenamiento con palabras clave

Todo entrenamiento debe incluir palabras clave, incluso para hacer sus necesidades. Tanto tú como todos los miembros de la familia deben saber qué palabras usar y hacerlo de manera constante. Si has emparejado a un adulto con un niño, el adulto debe ser quien use la palabra clave durante el entrenamiento.

Para evitar confundir a tu cachorro, ten cuidado de no seleccionar palabras que uses con frecuencia, como "baño" o "pipi"; es recomendable una frase o palabra que no uses en tu rutina diaria, como "a trabajar".

Una vez que aprenda a hacer sus necesidades bajo el comando que hayas elegido, asegúrate de que termine antes de elogiarlo o recompensarlo.

Recompensa el buen comportamiento con refuerzo positivo

El refuerzo positivo es muy efectivo. Al principio, lleva algunas croquetas cuando le estés enseñando, tanto dentro como fuera del hogar. Si aprende que tú eres quien está a cargo, esperará tus señales e instrucciones.

La constancia en el entrenamiento es clave, como así también los elogios cada vez que tu cachorro hace lo correcto. Si lo guías suavemente con una correa al lugar designado, entenderá que cada vez que necesite "ir al baño" tendrá que dirigirse allí. Una vez que salgas, anímalo a ir cuando llegue al lugar en el patio. Luego, tan pronto como haga sus necesidades, elógialo con entusiasmo. Mientras le hablas, acarícialo para que entienda que lo hizo muy bien. Recuerda: una vez que entren, no es momento de juego; el cachorro debe asociar estas salidas a hacer sus necesidades.

Aunque los elogios son mucho más efectivos para los Dachshunds, también puedes darle una golosina como recompensa de una salida exitosa. Pero trata de que no se convierta un hábito porque esperará una cada vez que salga. La lección es salir, y el cachorro puede aprender que tales salidas pueden incluir golosinas.

La mejor manera de entrenar en el primer mes o dos es salir cada una o dos horas, incluso por la noche (ayúdate con una alarma). Usa la correa para mantener el enfoque, elógialo de la misma manera, luego regresa inmediatamente y ve a dormir. Es difícil, pero tu Dachshund te entenderá mucho más rápido si no hay un período largo entre las pausas para ir al baño. Con el tiempo, necesitará salir con menos frecuencia, y podrás descansar más.

En el caso de que tenga un accidente, es importante que no lo castigues, ya que refleja más tu entrenamiento y horario que lo que el cachorro ha aprendido. Dicho esto, los accidentes son prácticamente inevitables. Cuando suceda, dile: "No. ¡Pipi afuera!" y limpia de inmediato. Luego, llévalo afuera para hacer sus necesidades. Por supuesto, si no va, no recibe ningún elogio.

Limpieza

Tan pronto como encuentres desechos de tu cachorro dentro de casa, límpialos. A menos que lo sorprendas en el acto, no tiene sentido el refuerzo negativo, ya que aprenderá a esconder sus heces para evitar ser castigado. Mejor, llévalo a su lugar designado.

Tómate tu tiempo para investigar qué tipo de productos de limpieza quieres usar, ya sea genérico u holístico. Lo más recomendable es que elijas un limpiador enzimático, ya que las enzimas actúan sobre las manchas acelerando su reacción química. También eliminan el olor más rápido, reduciendo las probabilidades de que tu perro continúe usando el mismo lugar. Los Dachshunds no tienen problemas para marcar su territorio si están adecuadamente entrenados. Sin embargo, querrás evitar que otros perros que visiten tu casa marquen áreas donde tu cachorro ha tenido algún accidente.

Presta atención a cuándo ocurren estos accidentes y trata de identificar si hay algún patrón entre ellos. Quizás necesites agregar un salida adicional, hacer un ajuste en el horario de paseo, o averiguar si hay algo que está asustando a tu cachorro.

Foto cortesía de Alma Díaz

CAPÍTULO 10
Socialización

"Necesitan ser socializados desde temprana edad hasta las 18 semanas. Un buen criador comenzará este proceso a las 3 semanas, introduciéndolos a diferentes vistas, olores y sonidos. Llévalos a lugares que representen una experiencia positiva para ellos. Comienza de a poco y aumenta el tiempo con cada visita."

Mary Lee Wood
Zoey's Doxies

Aunque, como se mencionó en un capítulo anterior, los Dachshunds pueden ser agresivos, a la mayoría les entusiasma la idea de conocer a otros y lo disfrutan. La mejor manera de sacar el cachorro juguetón y divertido de tu Dachshund es comenzar a socializarlo tan pronto como sea seguro hacerlo (debe tener todas sus vacunas). Esta es una raza que ama la compañía y tiende a ser optimista y juguetona.

Cuando se inicia desde una edad temprana, la socialización de los Dachshunds es bastante sencilla, ya que se trata de una raza muy extro-

Foto cortesía de
Jeanne Brigandi
Photo by Carl Brigandi

Foto cortesía de Frances Brown

vertida. Su carácter alegre facilita el proceso, aunque de todas maneras, es importante llevarlo a cabo con cuidado para asegurarse de que sea una experiencia positiva para todos.

Como ocurre con cualquier perro, los Dachshunds pueden mostrarse dominantes, posesivos y celosos, aunque no sean conocidos por ello. A veces puede aflorar su lado más testarudo o terco, y eso vuelve la experiencia un poco menos agradable. Si comienzas desde temprano, podrás corregir este comportamiento de raíz, haciendo del proceso algo agradable tanto para ti como para tu cachorro. Puede resultar más desafiante si adoptas un adulto que no ha sido socializado correctamente.

La socialización permite que tu Dachshund aprenda a disfrutar de la compañía de las personas que recibes en casa, así como de los perros que se crucen en sus paseos. Para lograr que se exprese lo mejor de su personalidad, es importante comenzar el proceso de socialización desde una edad temprana. Recuerda que deberá tener todas sus vacunas antes de exponerlo a otros perros.

La socialización puede mejorar la vida a largo plazo

Todos los perros necesitan socializar, pero las razas más inteligentes tienden a tener mentes más analíticas. Por eso es importante que aprendan cuanto antes que, en la mayoría de los casos, el mundo es un lugar seguro y que otras personas y animales no representan una amenaza. Además, esto le enseñará a tu cachorro que comportamientos dominantes o agresivos no son apropiados.

Foto cortesía de Karen Mayr

Comenzar la socialización desde temprana edad puede hacer que la vida sea mucho más agradable para todos los involucrados, sin importar la situación. Un perro bien socializado enfrentará al mundo con una actitud mucho más positiva que uno que no lo esté.

Cómo conocer nuevas personas

Enseñar a tu Dachshund cómo comportarse con las visitas puede requerir algo de tiempo, ya que puede haber momentos en los que no tenga ganas de socializar, mientras que la mayoría de la gente querrá acariciarlo. Por eso, es tan importante enseñar a las personas cómo interactuar con tu perro como entrenarlo para que sepa cómo interactuar con las visitas. Si tu perro no muestra interés en saludar, pídeles que lo dejen tranquilo.

Lo más probable es que los cachorros disfruten conocer gente nueva, así que invita a diferentes personas para ayudar a socializarlo. Para presentarlo a alguien nuevo, puedes probar con alguno de estos métodos:

1. Intenta que conozca gente nueva a diario durante los paseos o mientras realizas otras actividades cuando salen de casa. Si no, que sea al menos 4 veces por semana.

2. Invita a amigos y familiares, y permíteles que le den atención a tu cachorro. Pueden jugar su juego favorito: esto hará que tome confianza y le enseñará que las personas nuevas son divertidas y seguras.

3. Una vez que tenga la edad suficiente para aprender trucos (después del primer mes), deja que haga una demostración a las visitas. Esto será muy importante, ya que más allá de su tamaño, a muchas personas los perros las ponen nerviosas.

4. Evita las multitudes durante los primeros meses. Cuando tu cachorro tenga varios meses o un año, llévalo a eventos donde se permita la presencia de perros. Esto lo ayudará a acostumbrarse a estar rodeado de muchas personas y a no sentirse incomodo en espacios concurridos.

Cómo conocer nuevos perros

"He descubierto que muchos Dachshunds no se sienten cómodos alrededor de perros grandes, a menos que se críen con ellos. Tienden a ser muy agresivos y pueden meterse en problemas."

Kim Gillet
Cameo Dachshunds

El capítulo 7 cubre la introducción con tus otros perros, pero conocer a perros que no forman parte de su hogar es un poco diferente, especialmente porque puedes encontrarlos cuando están de paseo. La mayoría de los perros se inclinarán y se olfatearán durante una presentación. Observa los mismos signos de agresión que se describen en el Capítulo 7, como si su pelaje se eriza o gruñe. Inclinarse, cola alta y orejas erguidas: esto suele significar que tu Dachshund está emocionado por conocer a su par. Pero si escuchas que hace algunos ruidos, observa las señales para asegurarte de que los sonidos sean porque quiere jugar y no porque está incomodo o nervioso.

Según la Sociedad del Dachshund, aproximadamente un tercio de esta raza ha sido reportada por comportamientos agresivos hacia otros perros (ninguno de ellos fue agresivo con las personas). Si el tuyo entra en esta categoría, deberás entrenarlo desde el principio para que no se convierta en un problema. La mejor manera de hacerlo es mediante citas de juego en un lugar neutral para que no sienta celos por compartir juguetes o tendencias territoriales.

No permitas que tu Dachshund salte sobre otros perros. Si lo hace, dile "No", para hacerle saber que no es un comportamiento aceptable. Esto puede convertirse en una forma de mostrar dominancia, incluso si es solo juego al principio.

La importancia de continuar la socialización

Incluso los perros que son amigables necesitan ser socializados. Asegurarse de que tenga exposición a otras personas y otros perros es importante para evitar que se vuelva demasiado agresivo o dominante. Esto no significa forzarlo a interactuar, pero unirse a clases y organizar citas de juego le dará a tu cachorro una razón para estar emocionado por conocer a otros pares.

Haz que familiares y amigos te visiten con regularidad junto a sus perros, para que tu Dachshund entienda que tu hogar es un lugar acogedor, no un sitio donde necesite ejercer su dominio. No querrás que sienta que todo está bien fuera de casa, pero que puede comportarse como un pequeño tirano dentro.

Foto cortesía de
Vicki Sanchez

Cómo socializar a un perro adulto

A veces, un perro adulto puede estar demasiado arraigado en sus costumbres para cambiar, particularmente si está en sus años dorados. Sin embargo, la mayoría pueden ser socializados siempre que sea tu máxima prioridad (junto con el entrenamiento). Si no estás preparado para ser muy paciente, entonces es mejor no adoptar un adulto. Existe la posibilidad de que no sea tan amigable con otros perros, incluso si parece tranquilo en el centro de rescate. Antes de comenzar a socializarlo, debes asegurarte de que te va a hacer caso y ya conozca algunos comandos básicos antes de realizar cualquier presentación.

Socializar a un canino adulto requiere mucho tiempo, dedicación, entrenamiento suave y, a la vez, una actitud firme. Puede que tengas la suerte que te toque un perro que ya esté bien socializado. Sin embargo, eso no significa que siempre se muestre relajado. Tal vez haya tenido una mala experiencia con cierta raza o tipo de perro, y eso no siempre es evidente desde el inicio.

***

Si tienes problemas con tu perro adulto, consulta con un especialista en comportamiento o a un adiestrador especializado. Por ejemplo, si es necesario evitar a otros perros durante esa primera semana porque tu Dachshund no está reaccionando bien ante ellos, un profesional podrá ayudarte a socializarlo mejor.

CAPÍTULO 11
Cómo adiestrar a tu Dachshund

"Cada perro es diferente, pero en general, los Dachshunds suelen ser tercos. Se constante con cada aspecto del adiestramiento. La mayoría se motivan con la comida y harán cualquier cosa por una golosina. Se paciente y se convertirá en un perro bien adiestrado."

Mary Lee Wood
Zoey's Doxies

La inteligencia de tu Dachshund sumada a su amor por la comida y el juego generan que puedas persuadirlo para hacer prácticamente cualquier cosa. Amará la atención, pero habrá momentos en que no quiera hacerte caso, sin importar qué incentivo le ofrezcas. Esta es una de las razones por las que siempre debes tener cuidado con la cantidad de golosinas que le das (además del riesgo de sobrepeso u obesidad).

Los Dachshunds son una excelente raza para adiestrarlos en diferentes tipos de habilidades. Les encanta jugar y estar cerca de ti, por más que sientan que, en realidad, te están adiestrando: están dispuestos a hacer lo que le pidas para "obligarte" a darles las golosinas o juguetes que tanto quieren. Su entusiasmo natural por hacer cosas nuevas y pasar tiempo con sus humanos es todo lo que necesitan para ser felices. Por momentos, su terquedad puede hacer que sea un poco más desafiante, pero mantén la calma.

Aunque el adiestramiento será cada vez más placentero, lo más probable es que al principio avance lento, ya que su perro estará bastante emocionado por la interacción. Necesitarás ser firme y constante, además de mantener las sesiones cortas. Si eres lo suficientemente paciente, descubrirás que todo el esfuerzo vale la pena.

Foto cortesía de Jessica Kyei-Yamoah

Beneficios de un buen adiestramiento

Además de facilitar la socialización y los paseos, el adiestramiento podría ser una forma de salvarle la vida a tu perro. Entender las órdenes podría evitar que corra hacia la calle o responda a provocaciones de otros caninos (o actúe como el agresor). Además, podría ahorrarte tiempo en caso de que escape.

Por otro lado, el adiestramiento es una excelente manera de crear y fortalecer el vínculo con tu perro. También, les proporciona tiempo de calidad juntos, te ayuda a descifrar su personalidad en desarrollo y aprender qué tipos de recompensas funcionarán mejor para otras tareas, como la socialización. Este es un perro que puede acompañarte en cualquier tipo de paseo, por lo que querrás asegurarte de que esté bien adiestrado para poder disfrutar de muchas actividades juntos.

Cómo elegir la recompensa adecuada

"No esperes que aprenda como lo haría un Pastor Alemán. Esta raza requiere muchos elogios, golosinas y "explicaciones". De lo contrario, te ignorará."

Kim Gillet
Cameo Dachshunds

La recompensa adecuada para un Dachshund será, en última instancia, el amor y el afecto. Darle golosinas es la forma más sencilla de hacer que un cachorro entienda que realizar trucos es un buen comportamiento. Sin embargo, pronto necesitarás pasar a un refuerzo secundario. Los elogios, tiempo adicional de juego y caricias extras pueden ser muy buenas opciones. Sentarte a ver una película y dejar que tu cachorro te acompañe, es una gran recompensa después de una sesión intensa de adiestramiento. No solo aprendió, sino que ahora ambos pueden relajarse juntos.

Foto cortesía de Brittany Prince

Recuerda, esta es una raza propensa a la obesidad, lo que puede ser perjudicial tanto para la salud como para la espalda de tu perro. Por eso es importante que cambies a un tipo diferente de recompensa positiva lo antes posible. Los Dachshunds también aman sus juguetes, por lo que no es necesario que te valgas únicamente de los elogios (algo que puede o no ser una buena recompensa según el estado de ánimo o las preferencias de tu perro).

Si quieres que asocie la retroalimentación positiva con un sonido, puedes usar un *clicker*. Son relativamente económicos y deben usarse al mismo tiempo que elogias a tu cachorro. No son necesarios, pero algunos adiestradores los encuentran útiles.

Cómo lograr que reconozca su nombre

Con el tiempo, solemos llamar a nuestros perros de diferentes maneras: apodos, nombres en broma y descripciones basadas en sus acciones más divertidas (es por eso por lo que los amamos). Sin embargo, antes de poder adiestrar a un perro, debes asegurarte de que entienda su nombre real.

1. Consigue algunas golosinas y muéstrale una.

2. Di su nombre, inmediatamente di "Sí" (tu perro debe estar mirándote cuando hables), luego dale una golosina.

3. Espera 10 segundos, luego muéstrale una golosina y repite el segundo paso.

Las sesiones no deberían durar más de unos cinco minutos, ya que tu perro podría perder la concentración o el interés, y puedes hacerlas varias veces al día. Luego de cinco a diez sesiones, el adiestramiento cambiará un poco.

1. Espera hasta que tu perro no te esté prestando atención.

2. Llámalo. Si tiene una correa puesta, dale un suave tirón para llamar su atención.

3. Di "Sí" y dale una golosina cuando te mire.

Durante este tiempo, no pronuncies su nombre. Necesitarás lograr que lo asocie solo con algo positivo, como las golosinas. Esto lo programará más rápido para que te haga caso sin importar lo que esté sucediendo a su alrededor.

Es probable que tu Dachshund reconozca su nombre antes de lo que imaginas.

Comandos básicos

Hay cinco órdenes básicas que todos los perros deberían conocer, ya que conforman la base para un vínculo feliz y agradable. Para cuando tu cachorro las aprenda, la correlación entre las palabras que dices y las acciones esperadas será más obvia. Esto le dará una pista para entender nuevas palabras en términos de expectativa y hará que sea mucho más fácil adiestrarlo en conceptos más complejos.

Es aconsejable que adiestres a tu cachorro siguiendo el orden que se describe a continuación. "Sentarse" es una orden básica, y algo que todos los perros ya hacen por naturaleza, por eso es la más fácil de enseñar. Por el contrario, "déjalo" y "suéltalo" son mucho más difíciles, y requieren que el cachorro luche contra un instinto o deseo. "Silencio" puede ser otra orden difícil ya que, como reacción natural, los perros (particularmente los cachorros) tienden a ladrar. Estas dos tomarán más tiempo para enseñar, por lo que querrás tener las herramientas necesarias para lograr el éxito.

Instrucciones básicas durante el entrenamiento:

- Incluye a toda la familia en el adiestramiento del Dachshund. El cachorro debe aprender a escuchar a todos en el hogar, y no solo a una o dos personas. Un programa de adiestramiento establecido puede involucrar solo a un par de personas al principio, especialmente si tienes niños. Siempre debe haber un adulto presente, pero incluir a un niño ayudará a reforzar la idea de que el cachorro debe escuchar a todos en la casa. También es una buena forma de que un padre supervise la interacción para que todos jueguen de manera segura y sigan las reglas.

- Para comenzar, selecciona un área donde tú y tu cachorro no tengan otras distracciones ni haya ruidos. Deja tu móvil y cualquier otro dispositivo de lado para enfocar tu atención en el cachorro.

- Demuestra disfrute y optimismo durante las sesiones. Tu cachorro captará estas emociones y se concentrará mejor.

- Se constante y firme mientras enseñas.

- Lleva golosinas especiales a las primeras sesiones, como trozos de pollo.

Foto cortesía de Bob Jenkins Jr.

"Sentado"

Comienza con este comando cuando tu cachorro tenga alrededor de ocho semanas. Una vez que ya estén en el lugar de adiestramiento:

1. Sostén una golosina.

2. Muévela sobre su cabeza. Esto hará que el cachorro se mueva hacia atrás.

3. Di "sentado" cuando su trasero toque el suelo.

Tener otra persona alrededor para demostrar esto con tu cachorro será útil, ya que puede sentarse para mostrar lo que quieres decir.

Espera hasta que tu cachorro comience a sentarse y di "sentado" mientras lo hace. Si termina con la acción, elógialo. Naturalmente, esto hará que se emocione y se ponga inquieto, por lo que puede pasar un tiempo antes de que quiera sentarse de nuevo. Una vez que se le pase, repite el proceso.

Tomará varias sesiones hasta que el cachorro termine de conectar tus palabras con las acciones. Las órdenes son algo completamente nuevo para él. Una vez que domine "sentado", comienza a enseñarle "echado".

"Echado"

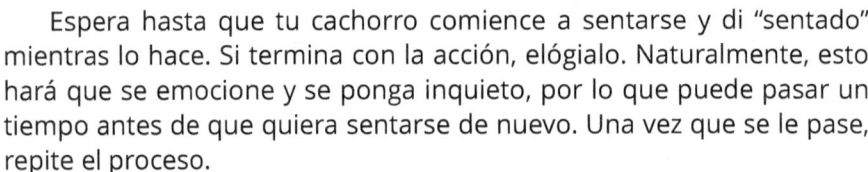

Repite los mismos pasos que utilizaste para enseñarle "sentado".

1. Dile a tu perro que se siente.

2. Sostén la golosina.

3. Baja la golosina al suelo mientras tu perro la olfatea. Permite que la lama, pero si se pone de pie, comienza de nuevo.

4. Di "echado" cuando sus codos toquen el suelo, luego elógialo mientras le das la golosina.

Espera hasta que el cachorro comience a acostarse, luego di "echado". Si termina la acción, ofrécele la recompensa elegida.

Probablemente tomará un poco menos de tiempo enseñar esta orden.

Espera hasta que domine "echado" antes de pasar a "quieto".

"Quieto"

"Quieto" es un comando vital, ya que puede evitar que tu cachorro corra hacia la calle o hacia alguien que les tiene miedo a los perros. Es importante ya domine "sentado" y "echado": aprender esta orden va a ser más difícil porque no es algo que haga naturalmente y tomará más tiempo.

1. Dile que se siente o se eche.

2. Mientras lo hace, coloca tu mano frente a la cara del cachorro.

3. Espera hasta que deje de intentar lamer tu mano antes de comenzar de nuevo.

4. Cuando se calme, da un paso atrás. Si tu cachorro está quieto, di "quieto" y dale una golosina y elógialo.

Darle la recompensa indica que la orden ha terminado y la acción está completa. El cachorro tiene que aprender a quedarse quieto hasta que tú se lo indiques. Una vez que le des permiso para moverse, no le des golosinas. "Ven" no debe usarse como la palabra de permiso, ya que es una orden que se utiliza con otra finalidad.

Repite estos pasos, alejándote cada vez más del cachorro después de una orden exitosa.

Una vez que entienda "quieto" cuando te alejas, comienza a adiestrarlo para que se quede quieto incluso si no te estás moviendo. Extiende el tiempo requerido para que el cachorro permanezca en un lugar, así comprenderá que "quieto" termina con la orden de permiso.

Cuando veas que tu cachorro ha dominado "quieto", comienza a adiestrarlo para que venga.

"Ven"

Esta es una orden que no puedes enseñarle hasta que el cachorro haya aprendido las anteriores. Antes de comenzar la sesión de adiestramiento, decide que palabras utilizarás: "ven" o "ven aquí". Se constante en las palabras que eliges.

Esta orden es importante por la misma razón que la anterior. Si está cerca de personas que se ponen nerviosas alrededor de perros, o encuentra un animal salvaje u otra distracción, esta orden puede devolver su atención hacia ti.

1. Ponle la correa al cachorro.

2. Dile que se quede quieto.

3. Aléjate del cachorro.

4. Di la orden que usarás para "ven" y dale un suave tirón de correa hacia ti.

Repite estos pasos, alejándote cada vez más. Una vez que el cachorro parezca entenderlo, quítale la correa y comienza a una distancia cercana. Si no parece entender la orden, dale algunas pistas visuales sobre lo que deseas. Por ejemplo, puedes palmearte la pierna o chasquear los dedos. Tan pronto como el cachorro vaya corriendo hacia ti, dale una recompensa.

"Abajo"

Aunque los Dachshunds son pequeños, es importante adiestrar a tu perro para que baje o se baje de algo. Esto no es lo mismo que enseñarle a no saltar sobre las personas (Capítulo 8). Esta orden es específica para que se baje de muebles o superficies que pueden ser peligrosas, que deberás hacer sobre la marcha porque lo estarás adiestrando para detener una acción. Tener golosinas a mano será esencial.

1. Espera a que tu perro ponga sus patas sobre algo en lo que no quieres que esté.

2. Di "Bájate" y aléjalo mostrándole una golosina.

3. Di "Sí" y dale la golosina tan pronto como sus patas estén fuera de la superficie.

Repite esto cada vez que veas el comportamiento. Probablemente tomará más de seis repeticiones antes de que entienda que ya no debe realizar la acción. Con el tiempo, cambia de golosinas a elogios o juguetes.

"Déjalo"

Esta es una orden de adiestramiento más compleja de enseñar, pero será necesaria para cuando estén de paseo y quieras que ignore a otras personas o perros.

1. Deja que tu perro vea que tienes golosinas en la mano, luego ciérrala. Tu puño debe estar lo suficientemente cerca para que pueda olerlas.

2. Di "Déjalo" cuando comience a olfatear tu mano.

3. Di "Sí" y dale una golosina cuando gire la cabeza alejándose de las golosinas. En un principio, esto tomará tiempo ya que tu perro desea esas golosinas. No continúes diciendo "Déjalo" ya que no debe aprender que le darás la orden más de una vez. Quieres que aprenda que debe hacer lo que le indicas a la primera vez, por eso se recomienda el uso de golosinas en un comienzo. Si pasa un minuto o más después de dar la orden, puedes emitirla de nuevo, pero asegúrate de que tu canino esté enfocado en ti y no distraído.

Estas sesiones solo deben durar alrededor de cinco minutos. Recuerda que tu perro tardará algún tiempo en aprender, ya que le estás enseñando a ignorar algo que hace naturalmente. Cuando comience a entender y mire hacia otro lado cuando le digas "déjalo" sin que pase mucho tiempo olfateando, puedes pasar a versiones más avanzadas del adiestramiento.

1. Deja tu mano abierta y muéstrale las golosinas.

2. Di "Déjalo" cuando comience a mostrar interés (esto será casi de inmediato porque no tendrás la mano cerrada, así que estate preparado).

   a. Cierra el puño si continúa olfateando o se acerca a las golosinas.

   b. Dale una golosina de tu otra mano si se detiene.

Repite estos pasos hasta que tu perro finalmente deje de intentar olfatear las golosinas. Cuando parezca haber dominado esto, pasa a la versión más difícil de este comando.

1. Coloca golosinas en el suelo, o deja que tu perro vea cómo las escondes, y quédate cerca.

2. Di "Déjalo" cuando se acerque a olfatear las golosinas.

a. Coloca una mano sobre las golosinas si no te hace caso.

b. Dale una de tu mano si te hace caso.

A partir de aquí, puedes comenzar a adiestrarlo más lejos de la golosina mientras tienes a tu perro con correa, para que puedas detenerlo si es necesario. Luego, puedes usar otros objetos que sepas que le gusten, como su juguete favorito u otra golosina tentadora que no sueles darle.

"Suéltalo"

Este va a ser uno de los comandos más difíciles que le enseñarás a tu cachorro, ya que no solo va en contra de sus instintos sino de sus intereses. Tendrás que ofrecerle algo mejor de lo que tiene para que lo suelte. Sin embargo, es esencial que aprenda esta orden desde pequeño, sino podría volverse muy destructivo. Además, de que podría salvarle la vida. Es probable que se abalance sobre cosas cuando salen a caminar y este comando hará que suelte cualquier objeto peligroso que recoja.

Comienza con un juguete y una golosina, o una golosina grande, como un cuero crudo. Asegúrate de que sea una que solo le des en ocasiones especiales, para que lo motive a soltar lo que tiene en la boca.

1. Dale a tu cachorro el juguete o la golosina grande. Si también quieres usar un clicker, emparéjalo junto con la golosina especial que usarás.

2. Muéstrale la golosina especial.

3. Di "Suéltalo" y cuando lo haga, dile que está bien y entrégale la golosina especial mientras recoges la golosina o el juguete que soltó.

Repite el proceso después de que termine de comer la golosina especial.

Necesitarás seguir reforzando esta orden durante meses luego de que la aprenda, ya que no es su instinto natural. También deberás usar comida que sea irresistible para tu perro. Este es uno de esos casos en los que vale la pena usar una golosina muy tentadora, porque necesitas motivarlo a soltar algo que valora mucho (como un juguete favorito) o, más importante aún, algo que no debería estar comiendo.

"Silencio"

Debes asegurarte de que tu cachorro no sea una molestia para los vecinos, especialmente si vives en un apartamento. Al principio, puedes usar golosinas para que aprenda a hacer silencio.

1.   Cuando ladre sin un motivo, dile que se calle y coloca una golosina cerca. Es casi seguro que lo haga para olfatear la golosina.

2. Si tu perro se calla, di "Buen perro" o "buen silencio".

No tomará demasiado tiempo para que entienda que silencio significa no ladrar.

Si quieres que tu Dachshund sea un perro guardián, deberás dejarle en claro cuándo debe ladrar. Por ejemplo, puedes enseñarle que ladre cuando alguien se acerque a la puerta de entrada (necesitarás la ayuda de un amigo u otro miembro de la familia). Al ser un tipo de adiestramiento más avanzado, y cada Dachshund reacciona de manera diferente, quizás necesites un profesional que te guíe. Él podrá adaptar el enfoque del adiestramiento para que tu perro sepa que no debe estar ladrando aleatoriamente a los pájaros en la ventana o a las ardillas corriendo por el patio.

Los próximos pasos

Los Dachshunds son una raza bastante fácil de adiestrar, por lo que quizás no sea necesario que tome clases. Por lo general, entienden lo que tratas de enseñarle durante las sesiones de entrenamiento. Sin embargo, también pueden disfrutar de la socialización en las clases para cachorros o de obediencia. Es un entorno seguro y una gran oportunidad para que ambos aprendan, además, habrá un experto presente para instruirlo.

Clases de socialización para cachorros

Los cachorros pueden comenzar a asistir a estas clases a partir de las 6 semanas. Este es el comienzo del adiestramiento de obediencia, pero deberás tener cuidado con las interacciones con otros perros hasta que haya completado sus vacunas. Habla con tu veterinario para que te indique cuando sería el momento ideal, y si te puede dar alguna recomendación buenas clases de adiestramiento para cachorros en tu área.

El propósito principal de estas clases es la socialización. Los estudios han demostrado que un tercio de los cachorros tienen una exposición mínima a personas y perros nuevos durante las primeras 20 semanas, lo que puede hacer que el mundo exterior sea más aterrador. Las clases para cachorros te dan a ti y a tu cachorro la oportunidad de aprender cómo conocer y saludar a otras personas y perros en un entorno controlado. Los perros que asisten a estas clases son mucho más amigables y se estresan menos por cosas como camiones grandes, ruidos fuertes y visitantes. También es menos probable que estén nerviosos o sufran de ansiedad por separación.

También es una buena práctica para ti. En los mismos estudios, las personas que asistieron a estas clases pudieron reaccionar de manera más apropiada cuando un cachorro era desobediente o se comportaba mal. Las clases te enseñan cómo adiestrar a tu perro y cómo lidiar con su naturaleza testaruda.

Además, podrás aprender más sobre los comandos básicos, como sentarse y echarse. Busca una clase que también se centre en la socialización para que tu cachorro la pueda aprovechar al máximo.

Adiestramiento de obediencia

Después de que tu cachorro complete estas clases y entienda la mayoría de las órdenes básicas, puedes mandarlo a clases de obediencia. Si bien pueden ser más desafiantes, no deberían ser un obstáculo para tu Dachshund. Algunos entrenadores ofrecen adiestramiento de obediencia en el hogar, pero es mejor que asista a una clase para que continúe con la socialización como parte del aprendizaje. Los perros, sin importar la edad, pueden participar en clases de obediencia, siempre y cuando tengan la madurez suficiente para prestar atención.

El adiestramiento de obediencia generalmente incluye lo siguiente:

- Enseñar o reforzar órdenes básicas, como sentarse, quedarse quieto, venir cuándo lo llamas y echarse.

- Aprender a caminar sin tirar de la correa.

- Saludar correctamente a personas y perros, y no saltarles encima.

La escuela de obediencia está pensada tanto para adiestrar a tu perro como para enseñarte a ti cómo hacerlo. Te permite aprender a entrenarlo mientras lo guías mediante órdenes básicas y le enseñas a comportarse en situaciones cotidianas, como saludar o salir a caminar. Las clases suelen duran entre 7 y 10 semanas.

Pídele recomendaciones a tu veterinario. Si no puede darte ninguna, tómate un tiempo para investigar a fondo tus opciones. Al evaluar a posibles adiestradores, ten en cuenta lo siguiente:

- ¿Están certificados, especialmente con la certificación CPDT-KA?

- ¿Cuántos años de experiencia tienen entrenando perros?

- ¿Tienen experiencia con la raza Dachshund?

- ¿Te permiten participar en el adiestramiento? Si la respuesta es no, no elijas a ese adiestrador. Es fundamental que tú también formes parte del proceso de aprendizaje, ya que tu perro debe aprender a escucharte y hacerte caso.

El adiestramiento de obediencia no está diseñado para tratar problemas de conducta graves. Si tu perro sufre de ansiedad, depresión u otros trastornos serios de comportamiento, necesitas trabajar con un adiestrador especializado que te ayude a superar esas dificultades. Asegúrate de que el profesional que elijas tenga experiencia, en particular con perros inteligentes y de carácter fuerte. Si es posible, busca a alguien que tenga experiencia específica con Dachshunds.

Una vez que tu cachorro haya aprendido los comandos básicos y haya tenido buenos resultados en el adiestramiento de obediencia, puedes avanzar hacia otro tipo de actividades más entretenidas. Siempre y cuando le haya ido bien en las clases, no necesitarás un adiestrador porque tu perro te obedecerá.

Si ya tiene una base sólida en las órdenes y muestra un interés en seguir aprendiendo, ese puede ser un excelente punto de partida para avanzar aún más, siempre que tu Dachshund esté motivado. A esta altura, deberías poder reconocer si tu perro tiene interés en continuar, y seguramente también tendrás una mejor idea de si quieres seguir con un entrenamiento más avanzado, según su personalidad.

CAPÍTULO 12
Nutrición

Los Dachshunds aman comer, aunque sus estómagos sean bastante sensibles. Eso es solo una de los motivos por los que debes tener mucho cuidado con lo que come tu Dachshund y las cantidades. Por el bien de su salud necesitas tomar muy en serio sus necesidades dietéticas. Si son de buena calidad nutricional, lo ayudarán a mantenerse sano y feliz.

Dado que son propensos a la obesidad, deberás controlar lo que come tu Dachshund. Es muy fácil llenarlo de golosinas, especialmente si todos en tu familia lo "entrenan", en su lugar, lo ideal sería que lo recompensen con elogios o juguetes. Por lo general, tu perro siempre estará cerca de ti y quizás creas que darle una patata frita ocasional no puede hacerle daño. Sin embargo, le estarás haciendo un gran daño a su estómago. Además, no querrás enseñarle a un perro inteligente que lo que tú comes está disponible, ya que eso solo aumenta el riesgo de que intente robar comida cuando dejes el plato sin supervisar.

131

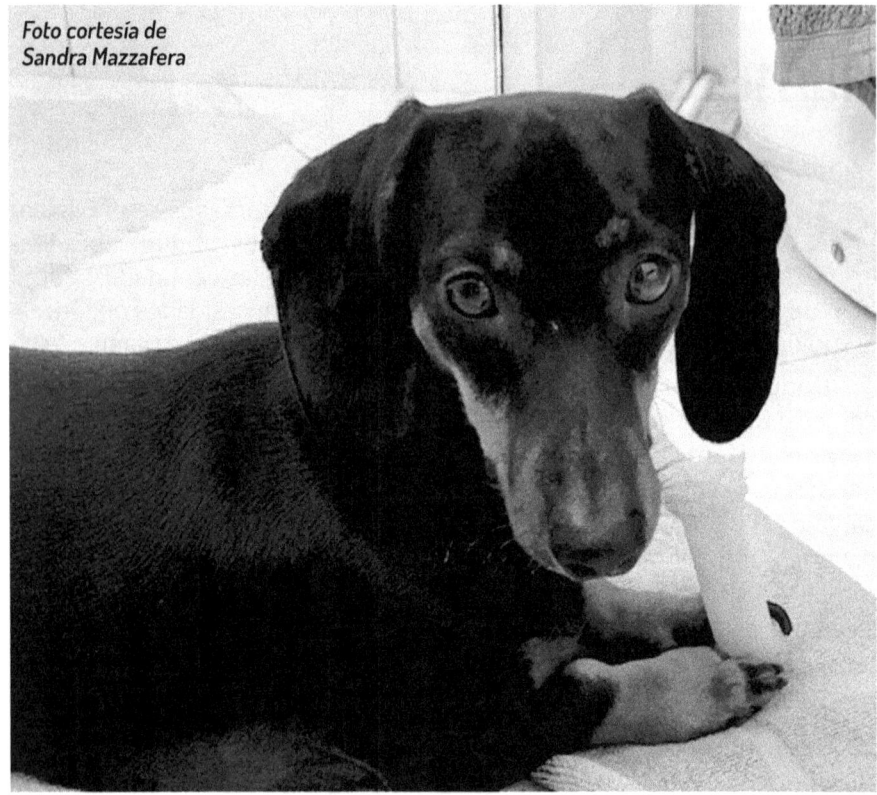

Foto cortesía de
Sandra Mazzafera

Por qué es importante una dieta saludable

A la mayoría de los Dachshunds se los puede convencer de hacer cualquier cosa con la promesa de comida. Aquí es donde su amor por la comida y su pequeña estatura realmente comienzan a socavar su salud. Todas las precauciones que tomes para no lesionar su no tendrán ningún valor si tu cachorro se vuelve demasiado pesado para su contextura.

Debes ser consciente de la cantidad de calorías que consume al día, incluidas las golosinas. Acostúmbrate a pesarlo con regularidad para estar al tanto de su peso; de esa manera sabrás cuándo está aumentando. También puedes establecer controles regulares en casa, aprovechando que los Dachshunds caben en las básculas domésticas. Esto te indicará cuándo es necesario ajustar la cantidad de alimento que come a diario, o cambiar su alimento por otro con mayor valor nutricional y menos calorías.

Alimentos peligrosos

Los perros, a diferencia de nosotros, pueden comer carne cruda sin ningún tipo de problema. Sin embargo, hay algunos alimentos para humanos que podrían ser fatales para tu Dachshund y deberías mantenerlos alejados de él:

- Semillas de manzana
- Chocolate
- Café
- Huesos cocidos (son letales si se astillan en la boca o el estómago del perro)
- Mazorca de maíz (el maíz desgranado está bien)
- Uvas/pasas
- Nueces de macadamia
- Cebollas y cebollinos
- Melocotones, caquis y ciruelas
- Tabaco
- Xilitol (un sustituto del azúcar en caramelos y productos horneados)
- Levadura

Nutrición canina

Las necesidades dietéticas de un perro difieren mucho de las humanas. Las personas son omnívoras, lo que significa que requieren una gama más amplia de nutrientes para estar saludables. En cambio, los caninos son en gran parte carnívoros, y la proteína es un requisito clave en su dieta. Sin embargo, necesitan más que solo proteínas para estar sanos.

La siguiente tabla proporciona los requisitos nutricionales básicos para los perros.

Nutriente	Fuentes	Cachorro	Adulto
Proteína	Carne, huevos, soja, maíz, trigo, crema de cacahuate	22,0% de la dieta	18,0% de la dieta
Grasas	Aceite de pescado, aceite de linaza, aceite de canola, grasa de cerdo, grasa de ave, aceite de cártamo, aceite de girasol, aceite de soja	8,0 a 15,0 % de la dieta	5,0 a 15,0% de la dieta
Calcio	Lácteos, tejidos de órganos animales, carnes, legumbres (típicamente frijoles)	1,0% de la dieta	0,6% de la dieta
Fósforo	Carne y suplementos para mascotas	0,8% de la dieta	0,5% de la dieta
Sodio	Carne, huevos	0,3% de la dieta	0,06% de la dieta

A continuación, se enumeran los nutrientes restantes necesarios para los perros, que representan menos del 1% de su dieta:

- Arginina
- Histidina
- Isoleucina
- Leucina
- Lisina
- Metionina + cistina
- Fenilalanina + tirosina
- Treonina
- Triptófano
- Valina
- Cloruro

Se recomienda evitar alimentos humanos con mucho sodio y conservantes.

El agua, por su parte, es esencial para mantener a tu perro sano e hidratado. Siempre debe tener agua limpia y fresca a disposición, así que revisa su plato varias veces al día.

Proteínas y aminoácidos

Dado que los perros son carnívoros, la proteína es uno de los nutrientes más importantes en su dieta (aunque no es necesario que coman carne en grandes cantidades, ya que sus necesidades han cambiado desde que se convirtieron en compañeros de los humanos). Las proteínas contienen los aminoácidos necesarios para que tu perro produzca glucosa, que es esencial para generar energía.

La falta de proteínas en la dieta de tu perro le puede producir letargia, su pelaje puede comenzar a verse opaco y es probable que pierda peso. Por el contrario, si hay un exceso, su cuerpo lo almacenará como grasa, resultando en un aumento de peso.

La carne suele ser la mejor fuente de proteínas, sin embargo,

Foto cortesía de Mavourneen Smith

es posible que lleve una dieta vegetariana, siempre y cuando obtenga las proteínas necesarias a través de otras fuentes, y se suplemente de vitamina D. Si planeas darle una dieta vegetariana a tu perro, primero deberías consultarlo con tu veterinario. Como es muy difícil asegurar que un carnívoro obtenga las proteínas adecuadas con una dieta vegetariana, en especial los cachorros, deberás investigar bien y tener una cita con un especialista en nutrición animal.

Grasas y ácidos grasos

La mayoría de las grasas que tu perro necesita provienen de la carne y de los aceites de semillas, siendo la mantequilla de cacahuete una de las fuentes más comunes. Las grasas se descomponen en ácidos grasos, necesarias para las vitaminas liposolubles, las cuales son vitales para el funcionamiento celular. Quizás el beneficio más obvio de las grasas y los ácidos grasos se hace evidente en su pelaje, que se verá y se sentirá mucho más suave y brillante.

Hay una serie de posibles problemas de salud si tu perro no obtiene las grasas necesarias de su dieta diaria:

- Pelaje opaco y quebradizo.

- Piel seca y picazón.

- Sistema inmunológico debilitado, lo que daría lugar a diferentes enfermedades.

- Riesgo de enfermedad cardíaca.

Por otro lado, si tu perro consume demasiada grasa aumentará de peso y se volverá obeso, lo que conducirá a problemas de salud aún más graves. Se estima que el 18% de los Dachshunds tienen problemas cardíacos, por lo que se debe tener especial cuidado para asegurarte de que tu perro obtenga la cantidad correcta de grasas en su dieta.

Carbohidratos y alimentos cocidos

Los perros han estado viviendo con los humanos durante milenios, por lo que sus necesidades dietéticas han evolucionado como las nuestras. Son capaces de comer alimentos con carbohidratos para complementar la energía que suelen proporcionan las proteínas y las grasas. Si cocinas granos (como cebada, maíz, arroz y trigo) antes de dárselos, será más fácil para él digerirlos. Esto es algo que debes tener en cuenta al elegir qué tipo de alimento le darás a tu perro, ya que lo ideal son las croquetas (alimento seco) que contengan carne en lugar de granos. Si bien puede digerir alimentos con granos, no obtendrá el mismo valor nutricional como lo haría de alimentos que contienen carne.

Diferentes requisitos dietéticos para diferentes etapas de la vida

"Ten cuidado de no sobrealimentar a tu Dachshund. La mayoría necesitará cambiar de comida para cachorros a comida para adultos alrededor de los 8 meses o podría aumentar mucho de peso. Procura que no tengan exceso de grasa y su figura sea esbelta: deberías poder sentir sus costillas pero no verlas".

Shona Malapelli
Malapelli's Minions Miniature Dachshunds

Las diferentes etapas de la vida de un perro tienen diferentes necesidades nutricionales:

- Cachorros
- Adultos
- Perros mayores

Comida para cachorros

Los fabricantes de alimentos para perros producen un tipo de alimento completamente diferente para los cachorros por una muy buena razón: sus necesidades nutricionales difieren mucho a las de un adulto. Durante los primeros 12 meses, sus cuerpos están en desarrollo y para promoverlo, necesitan más calorías y nutrientes.

Comida para perros adultos

La principal diferencia entre la comida para cachorros y la comida para perros adultos es que la primera tiene mayor cantidad de calorías y nutrientes que promueven el crecimiento. Los fabricantes reducen estos valores en los alimentos para adultos, ya que no crecerán más. Como regla general, cuando un perro alcanza aproximadamente el 90% de su tamaño adulto previsto, debe cambiar de alimento.

El tamaño de tu perro es clave para determinar cuánto alimentarlo. La siguiente tabla indica la recomendación diaria. Al principio, concéntrate en las calorías mientras intentas encontrar el equilibrio adecuado para tu perro.

Tamaño del Perro	Calorías
5 kg.	420 durante los meses cálidos 630 durante los meses fríos
10 kg.	700 durante los meses cálidos 1.050 durante los meses fríos
15 kg.	900 durante los meses calurosos 1.400 durante los meses fríos

Fíjate cómo ningún Dachshund necesitará más de 900 calorías en los meses cálidos, y menos de 1.500 incluso cuando hace frío. Esto no es mucha comida, por lo que debes ser muy consciente de cuántas calorías le estás dando a tu perro y asegurarte de que mantenga un peso saludable. Esta escala puede usarse para perros con un peso normal o promedio, en el caso que el tuyo tenga sobrepeso u obesidad, consulta con tu veterinario.

También ten en cuenta que estas recomendaciones diarias, y no por comida. Ya sea que lo alimentes una o varias veces al día, asegúrate de medir cuánta comida le das para no excederte de la recomendación diaria.

Si planeas agregarle comida húmeda, presta atención a la ingesta total de calorías y ajusta las cantidades entre croquetas y comida húmeda. En otras palabras, el total de calorías de ambos alimentos debe equilibrarse para no exceder las necesidades de tu perro. Lo mismo sucede si le das muchas golosinas a lo largo del día: también deberás incluirlas en el recuento de calorías.

Si planeas alimentar a tu perro con comida casera, deberás aprender más sobre nutrición y prestar mucha atención a las calorías, y no a las medidas en tazas.

Comida para perros mayores

Los perros mayores no suelen ser tan activos como los más jóvenes. Si notas que se está volviendo más lento, que le cuesta dar caminatas largas debido al dolor en sus articulaciones o muestra falta de resisten-

Foto cortesía de
Thomas Gaudet & Makenzie Carty

cia, esas son señales de que tu perro está entrando en sus años dorados. Consulta con tu veterinario cuando creas que es hora de cambiar su alimento.

La comida para perros adultos y la de perros mayores se diferencian en que esta última contiene menos grasa y más antioxidantes para ayudar a combatir el aumento de peso. Los mayores también necesitan más proteínas, lo que tu perro disfrutará, ya que significa más carne. Esto ayudará a mantener sus músculos envejecidos fuertes. Por otro lado, debe consumir menos fósforo, ya que si se acumulan cantidades excesivas en el torrente sanguíneo, existe un mayor riesgo de desarrollar hiperfosfatemia. El fósforo se encuentra mayormente en los huesos e interviene en las contracciones musculares y los nervios. Su nivel en el cuerpo está controlado por los riñones y, si sus valores son elevados, están indicando un problema en los riñones.

La comida para perros mayores contiene la cantidad de calorías adecuada para la actividad reducida, por lo que no será necesario ajustar las cantidades, a menos que notes que está aumentando de peso. Consulta a tu veterinario antes de hacer algún cambio en su alimentación o si notas sobrepeso.

Opciones de alimento

Tienes tres opciones principales para alimentar a tu perro, dependiendo de tu situación y sus necesidades específicas:

- Alimento comercial

- Dieta cruda

- Dieta casera

Alimento comercial

Asegúrate de comprar la mejor comida que puedas pagar. Tómate el tiempo para investigar, más que nada su valor nutricional, y haz de esto una tarea anual. Quieres asegurarte de que el alimento que le estás dando a tu cachorro sea de calidad. Siempre ten en cuenta factores como su tamaño, sus niveles de energía y su edad. Es posible que no necesite comida para cachorros tanto tiempo como otras razas y la comida para perros mayores puede no ser la mejor opción si tienes un Dachshund mayor.

Clinnutrivet, la revista de formación continuada en nutrición clínica veterinaria dirigida por especialistas como Marta Hervera y Cecilia Villaverde, proporciona artículos actualizados sobre nutrición canina. Dado que todo el tiempo salen nuevos productos al mercado, busca siempre aquellos que tengan la mejor lista de ingredientes. Como debes cuidar el peso de tu perro, es necesario que le des el mejor alimento disponible.

Si no estás seguro sobre qué marca es mejor, pídele recomendaciones al criador. Los criadores son las mejores guías, ya que son expertos en la raza, pero también puedes preguntarle a tu veterinario, que seguramente ya ha trabajado con Dachshunds.

Algunos perros pueden ser exigentes y cansarse de comer siempre lo mismo. Así como tú cambias tus comidas, puedes cambiar las de tu Dachshund. Si bien no es recomendable cambiar constantemente la marca, puedes comprar alimentos que tengan diferentes sabores. Otra buena opción es agregar un poco de comida húmeda que viene enlatada (de 1/4 a 1/3 de la lata por porción, dependiendo del tamaño de tu perro) a cada comida.

Para obtener más información detallada sobre opciones de alimentación, consulta las Guías Nutricionales de FEDIAF (Federación Europea de la Industria de Alimentos para Animales de Compañía), que ANFAAC ha publicado en español. Estas guías proporcionan información actualizada sobre alimentación correcta para mascotas y están elaboradas por expertos europeos en nutrición animal.

Comida seca comercial

Pienso seco para perros

Ventajas	Desventajas
• Comodidad	• Requiere investigación para asegurarse de no comprar comida chatarra para perros
• Variedad	
• Disponibilidad	
• Accesibilidad económica	• El embalaje no siempre es honesto
• Los fabricantes siguen recomendaciones nutricionales	• Retiradas por contaminación de alimentos
• Especialmente formulado para las distintas etapas de la vida canina	• Regulaciones laxas de nutrición
• Puede utilizarse para el adiestramiento	• La comida de baja calidad puede contener ingredientes dudosos
• Fácil de guardar	

La comida seca para perros suele venir en bolsas, y es lo que la gran mayoría elige al momento de alimentar a sus perros.

La conveniencia y el ahorro que ofrecen las croquetas hacen que, casi con certeza, elijas este tipo de alimento para tu Dachshund. Y está muy bien: a la mayoría de los perros les encanta. Lo importante es saber qué marca le estás dando y prestar atención a posibles retiros del mercado. Revisa con frecuencia las actualizaciones para asegurarte que la comida que consume tu perro no haya sido retirada. Si es necesario, cambia de alimento.

Comida húmeda comercial

Si bien la mayoría de los perros prefieren este tipo de comida, también es más cara. Sin embargo, puedes conseguirla en paquetes grandes: será menos costosa y fácil de almacenar.

La comida húmeda es tan conveniente como las croquetas, y los perros exigentes la disfrutarán aún más. Cuando tu perro está enfermo, la comida húmeda puede ser una mejor opción para asegurarte de que siga comiendo y recibiendo los nutrientes necesarios cada día. Es

Comida húmeda para perros

Ventajas	Desventajas
• Ayuda a mantener a los perros hidratados	• Los comederos para perros deben lavarse después de cada comida.
• Tiene un aroma y sabor más intensos	• Puede ablandar las heces
• Más fácil de comer para perros con problemas dentales (especialmente aquellos que han perdido dientes) o si un perro ha estado enfermo.	• Puede ser más desordenado que el pienso
• Conveniente y fácil de servir	• Una vez abierto, tiene una vida útil muy corta y debe cubrirse y refrigerarse.
• Sin abrir, puede durar entre 1 y 3 años.	• Más caro que el pienso seco para perros y viene en pequeñas cantidades
• Equilibrado según las recomendaciones actuales de nutrición para mascotas	• El embalaje no siempre es honesto

posible que después le cueste un poco volver a las croquetas cuando se recupere, pero puedes continuar incorporando pequeñas porciones de alimento húmedo para hacer sus comidas más apetitosas.

Dieta cruda

Para perros como los Dachshunds, que tienen alergias alimentarias, las dietas crudas pueden evitar reacciones alérgicas al trigo y a los alimentos procesados. Además, son ricas en carnes crudas, huesos, verduras y suplementos específicos. Algunos de sus beneficios son:

- Mejora el pelaje y la piel

- Mejora el sistema inmunológico

- Mejora la salud en general (como resultado de una mejor digestión)

- Aumenta la energía

- Aumenta la masa muscular

Las dietas crudas están pensadas para ofrecerle al perro un tipo de alimentación similar al que tenía antes de ser domesticado. Esto implica darle carnes crudas, huesos enteros (sin cocer) y algunos productos lácteos. No incluye ningún tipo de alimento procesado, ni siquiera comida hecha en casa.

Ahora bien, esta dieta también conlleva riesgos. Los perros llevan miles de años domesticados, y su sistema digestivo ha cambiado con el tiempo. Forzarlos a volver a una dieta similar a la de sus antepasados no siempre da buenos resultados: es posible que ya no puedan digerirla bien. Además, alimentar a los perros con comida cruda puede ser riesgoso, en especial si los alimentos están contaminados. Las bacterias presentes en la carne cruda representan un peligro real y pueden transmitirse a los humanos si el perro se enferma. Muchos profesionales también advierten sobre los peligros de dar huesos a los perros, incluso si no están cocidos: pueden astillarse en su boca, perforando el esófago o el estómago.

El *Canine Journal* proporciona mucha información sobre la dieta cruda, cómo hacer la transición y diferentes recetas para tu perro.

Dieta casera

Si sueles preparar tu propia comida desde cero, no te tomará mucho más tiempo hacerle una comida igual de saludable para tu compañero peludo.

Teniendo en cuenta los alimentos que tu Dachshund no debe comer, puedes mezclar parte de tu comida con la de él. Solo asegúrate de agregar un poco más de lo que necesita en su plato, sin excederte. Aunque tú y tu perro tienen necesidades dietéticas claramente distintas, puedes adaptar algunos de tus alimentos para incluir los nutrientes que él necesita.

No alimentes a tu Dachshund desde tu plato. Divide la comida y prepárale su porción por separado en su propio tazón, para que entienda que su comida es diferente a la tuya. Las comidas caseras deben planificarse con anticipación para que tu Dachshund reciba un equilibrio nutricional adecuado.

Por lo general, el 50% de su alimentación debe estar compuesta por proteína animal (como pescado, aves y vísceras). Aproximadamente un 25% debe incluir carbohidratos complejos, y el 25% restante puede provenir de frutas y verduras, en especial alimentos como calabaza, manzanas, plátanos y judías verdes. Estos ingredientes no solo aportan sabor (que a tu Dachshund le encantará) sino que también lo hará sentir satisfecho más rápido, reduciendo el riesgo de que coma en exceso.

Cómo programar las comidas

Es probable que tu Dachshund espere que mantengas un horario a la hora de alimentarlo, y ¡te lo hará saber! Si le das golosinas y refrigerios de manera regular desde el principio, creerá que también son parte de la rutina y las esperará.

Alergias e intolerancias alimentarias

Cada vez que le des a tu perro un nuevo tipo de comida (incluso si es la misma marca, pero con otro sabor), debes monitorearlo a medida que se acostumbra a ella. Las alergias alimentarias son bastante comunes, por lo que deberás estar atento a los síntomas. Pueden manifestarse como puntos calientes, que son similares a las erupciones en los humanos. Tu Dachshund puede comenzar a rascarse o masticar en zonas específicas de su cuerpo, y su pelaje podría comenzar a caerse alrededor de esos puntos.

Algunos perros no tienen un solo punto caliente, sino que la alergia aparece en todo su pelaje. Si notas que está perdiendo más pelo de lo normal, llévalo al veterinario para que lo revisen.

Si le das a tu perro algo a lo que es intolerante, seguro le provocará diarrea. Si ya está adiestrado para hacer sus necesidades, comenzará a jadear o gemir para hacerte saber que necesita salir. No ignores ninguna de estas súplicas y sácalo de inmediato para que no tenga un accidente. Otro signo de intolerancia alimentaria es la flatulencia, que será bastante frecuente.

Dado que los síntomas de las alergias e intolerancias alimentarias pueden ser similares a los de las deficiencias nutricionales (particularmente la falta de grasas en la dieta), debes acudir a tu veterinario si notas algún problema con el pelaje o la piel de tu perro.

CAPÍTULO 13
Cariñoso, fiel y siempre listo para jugar

"Los Dachshunds aumentan de peso con facilidad, por eso el ejercicio diario es fundamental".

Kim Gillet
Cameo Dachshunds

Los Dachshunds son perros muy leales y afectuosos, lo que explica gran parte de su popularidad (además de su aspecto encantador). Como tienen mucha energía, es importante que cuenten con juegos y actividades que los mantengan entretenidos. Por suerte, debido a su tamaño pequeño, no necesitan hacer ejercicio durante horas para mantenerse en forma.

Puede que no sean tan payasos como los Pugs o los Boston Terriers, pero son más inteligentes, lo que te permite involucrarlos en juegos más complejos. A muchos Dachshunds les encanta aprender trucos, mientras que otros prefieren simplemente jugar.

El uso de comida como recompensa suele ser una forma muy eficaz de motivarlos para realizar ciertos comportamientos o trucos, aunque es importante utilizarla con moderación. También puedes usar elogios, que en muchos casos resultan igual de efectivos. A los Dachshunds realmente les encanta pasar tiempo con sus humanos, y siempre es positivo darles oportunidades para usar su inteligencia.

En general, se recomienda entrenar a los perros para corregir ciertos comportamientos, pero no siempre es necesario. Los Dachshunds pueden desarrollar conductas no deseadas, como cavar y perseguir, pero en lugar de intentar eliminar estos comportamientos por completo, puedes canalizarlos y usarlos como forma de juego, tanto para entretenerlos a ellos y a ti.

Este capítulo abarca todos los juegos y actividades que pueden disfrutar juntos para aprovechar al máximo sus fortalezas y habilidades naturales.

Foto cortesía de
Gabrielle Lemos

Necesidades de ejercicio

Traer un Dachshund a tu hogar significa que tendrás que ejercitarlo a diario, incluso cuando todavía es un cachorro. Los perros no quieren portarse mal, pero si están aburridos, las travesuras son inevitables. Por suerte, su tamaño hace que ejercitarlos sea bastante fácil, por lo que cuando lo dejes solo en casa, es poco probable que destroce tus muebles.

Dado que los problemas de peso están directamente relacionados con la falta de ejercicio, si tu perro está ganando peso, eso podría ser una señal de que no está moviéndose lo suficiente. Afortunadamente, es fácil corregirlo. Existen muchos ejercicios y actividades para hacer con tu cachorro, lo cual es más fácil y divertido que estar contando calorías.

Foto cortesía de
Sami Bain

Foto cortesía de
Erin Green

Diferentes juegos y actividades

Su apariencia y personalidad inquisitiva hacen de los Dachshunds una raza popular. Les encanta explorar nuevas áreas. Aun así, cuantas más actividades realices con tu perro, más felices serán. Solo recuerda llevar agua y no permitir que se acalore demasiado.

Juegos al aire libre

Aunque debes tener cuidado con su espalda, el Dachshund es un perro bastante robusto al que le encanta correr y jugar al aire libre. Cosas como el *frisbee* y buscar son juegos que no requieren mucho de tu esfuerzo, pero cansarán a tu cachorro. Necesitarás conseguir discos y pelotas que sean suaves para sus dientes.

Entrenamiento de agilidad

Mejor conocido como circuito de obstáculos, el entrenamiento de agilidad es una excelente manera de hacer que tu perro adulto corra y sea feliz. Tú lo guías a través del circuito, lo que no solo ayuda a fortalecer su vínculo, sino que también le da la oportunidad de sentirse cómodo cuando está fuera del hogar. Como tú eres quien tiene el control,

Foto cortesía de Meg Giger

y es probable que tu perro esté confundido, probablemente se vean un poco torpes al principio. Sin embargo, el objetivo es divertirse y mantenerlo activo y comprometido, por lo que captar y mantener su atención es clave para tener éxito en este entrenamiento.

Se recomienda una práctica de dos a tres horas a la semana, con una de esas horas destinada a una clase semanal. Cuanto más lo puedas entrenar en casa, mejor le irá en este deporte.

Persecución

Considerando que los Dachshunds fueron criados para perseguir y capturar, este es un juego perfecto para él. Ayudará a gastar ese exceso de energía mientras le enseñas qué está bien perseguir. Este juego requerirá un poco de preparación, pero valdrá la pena.

Consigue una cuerda de nylon y átala al juguete que planeas usar para el juego. También puedes buscar un juguete que ya tenga una cuerda para evitar esta parte. Arrastra el juguete detrás de ti, para llamar la atención de tu perro. No pasará mucho tiempo antes de que entienda lo que estás tratando de hacer y comience a perseguirte a ti y al juguete.

Cuando tu Dachshund atrape el juguete, detente y elógialo. No querrás que esto se convierta en un tira y afloja, así que debes detenerte cuando lo atrape. Eventualmente, tu perro se volverá tan bueno como para que puedas hacer girar el juguete a tu alrededor mientras estás sentado (teniendo mucho cuidado de no golpearlo) y dejar que haga todo el movimiento. No se cansará de correr en círculos hasta que te detengas.

Si juegas adentro de casa, asegúrate de que no haya nada contra lo que tu perro pueda chocarse y lastimarse.

Cavar

Convencer a los Dachshunds de que no caven es como querer que un Retriever no persiga una pelota: es prácticamente imposible convencerlos de que no lo hagan. En lugar de tratar de luchar contra algo que tu perro hará si se le dan unos segundos solo en el patio, puedes crear un espacio solo para él para acompañar sus instintos de excavación. Puedes agregar arena o mantillo a un área alejada de las cercas o los bordes de tu casa y dejar que tu perro haga lo que le encanta hacer.

Para animarlo a jugar solo en ese lugar, puedes enterrar juguetes y luego observarlo mientras los busca. Esto será mentalmente estimulante y físicamente agotador, por lo que puedes terminar el juego con una buena sesión de caricias en la barriga y un poco de paz y tranquilidad.

Si es un día lluvioso o frío, siempre puedes montar un pequeño fuerte de almohadas en casa y esconder el juguete allí. Tu perro se divertirá muchísimo, y seguro te sacará una sonrisa.

Buscar

Los Dachshunds se entusiasman mucho al perseguir algo cuando se lo lanzas. La interacción es divertida, y perseguir la pelota es perfecto para cansar a tu perro. También disfrutan mucho de perseguir y devolverte cosas, debido a su naturaleza cazadora.

Es recomendable que este juego lo practiques al aire libre, especialmente si tienes niños, para que los objetos alrededor de tu hogar no se rompan. Si es así, nunca debes ceder y permitirle jugar en un día lluvioso porque eso le enseñará que puede convencerte de hacer lo que él quiere.

Foto cortesía de Angela Gaines

¡A jugar, sin excusas!

"Los Dachshunds no necesitan mucho ejercicio para ser felices, pero sí lo necesitan para mantener un peso saludable. Jugar a buscar objetos o salir a caminar son excelentes maneras de mantenerlos activos y entretenidos".

Elizabeth Bender
BenderDachs

El hecho de que haya mal tiempo no significa que tu perro tenga menos energía o que no se aburra. Por eso, es importante que mantengas una rutina constante de ejercicio, incluso cuando no puedan salir casa. Si tienes la posibilidad de llevar a tu Dachshund a jugar en la nieve o en un patio cerrado, ¡mejor aún! Ellos pueden agotarse simplemente corriendo con entusiasmo. Pero tanto en días lluviosos como calurosos, es clave encontrar actividades adecuadas para que pueda liberare enérgía sin necesidad de salir por períodos prolongados. Aquí te compartimos algunas ideas para que tu Dachshund se mantenga activo incluso dentro de casa.

1. Si no quieres usar un juguete para que lo persiga, una opción es hacer que tu Dachshund corra detrás de un puntero láser. A veces funciona y a veces no, porque algunos perros se dan cuenta de que nunca podrán atraparlo. Pero si eso no le molesta a tu perro, es una excelente manera de ayudarlo a liberar energía en días lluviosos o fríos.

2. También puedes jugar al escondite. Es un juego muy divertido una vez que tu perro ya entiende como debe comportarse dentro de casa. Puedes esconderte tú o esconder su juguete favorito y esperar a que lo encuentre.

3. Los juguetes tipo rompecabezas son una excelente forma de mantenerlo activo sin que tú tengas que moverte. Muchos de estos juegos vienen con premios, y conociendo a los Dachshunds, no pasará mucho tiempo antes de que descubra cómo sacar la comida. Por eso es importante que vayas rotando los juguetes para que no se aburra. Eso sí: úsalos con moderación para evitar que consuma calorías de más.

4. La búsqueda de premios será muy emocionante para tu perro. Con los Dachshunds, puedes jugar un juego que se centre en la caza y la recolección, ya que para eso fueron criados: cazar presas y asegurarse de que regresaran a casa. Este tipo de juego no solo ayuda a liberar energía, sino que también estimula su mente. Muéstrele a tu cachorro que tienes un premio y déjalo mirar mientras lo escondes. Lo más probable es que lo encuentre enseguida, y cuando lo haga, felicítalo con entusiasmo. Después de algunas repeticiones, hazlo un poco más difícil: pídele a alguien que lo distraiga mientras tú escondes el premio. Así aprenderá a usar su olfato y a entender de que se trata el juego, que probablemente se convierta en uno de sus favoritos. Si prefieres no usar comida, puedes esconder algún objeto con olor fuerte que no te moleste que muerda un poco, como un calcetín viejo o un zapato. Incluso puedes enseñarle a tu Dachshund el nombre del objeto repitiéndolo cada vez que se lo muestras para que lo identifique por el olor.

CAPÍTULO 14
Acicalamiento: más que limpieza, una forma de conectar

"Tanto los Dachshunds de pelo largo como los de pelo corto mudan su pelaje. En cambio, los de pelo duro, al igual que otros perros de pelaje similar, no lo hacen. Mantener el pelaje de un Dachshund de pelo corto es sencillo: con baños regulares y cepillado para eliminar los pelos cortos y rígidos antes de que se caigan. Usar un cepillo tipo slicker en un Dachshund de pelo largo ayudará a eliminar la capa interna y la caspa, lo que reduce drásticamente la muda. El baño y el uso de un acondicionador suave mantendrán su pelaje brillante y saludable".

Elizabeth Bender
BenderDachs

Cuando se trata de acicalamiento, realmente no hay nada más sencillo que un Dachshund, dependiendo del tipo de pelaje que tenga. No necesitarás contratar a un peluquero profesional, a menos que tenga pelo largo y quieras un estilo particular. El clásico Dachshund de pelo corto tiene uno de los pelajes más fáciles de cuidar en el mundo canino. Los de pelo duro están en un punto intermedio, pero sigue siendo una tarea sencilla.

Ten en cuenta que los Dachshunds no suelen disfrutar del acicalamiento. Pero si logras hacer que lo disfrute, no será tan trabajoso cuando sea adulto. Cuando envejezca será mucho más fácil, ya que disfrutará de la atención extra.

Cortarle las uñas probablemente será otro desafío: sus patas son muy pequeñas y suelen tener pelo oscuro o negro. Por lo tanto, para evitar accidentes, deberás llevarlo con un profesional, al menos hasta que aprendas cómo hacerlo.

En este capítulo te guiaremos por los cuidados básicos para asegurarte de que el pelaje de tu Dachshund esté limpio y saludable. Sin embargo, puedes buscar información adicional en Internet y otras fuentes.

Herramientas de acicalamiento

No necesitas demasiadas herramientas para acicalar bien a tu Dachshund. Solo asegúrate de contar con los siguientes artículos antes de que tu perro llegue a casa:

- Deberás elegir el cepillo en base al tipo de pelaje que tenga tu Dachshund:
  - Para Dachshunds de pelo corto, un cepillo de cerdas suaves es lo mejor.
  - Para Dachshunds de pelo largo, un cepillo tipo slicker funciona bien, y uno de cerdas luego del primer cepillado. El pelo largo puede darte un poco más de trabajo, ya que tiende a enredarse, particularmente alrededor de las orejas.
  - Para Dachshunds de pelo duro, un cepillo de cerdas cortas de alambre es lo mejor.
  - Para cualquier tipo de pelaje, también puedes comprar un cepillo de goma que se coloca en la palma de tu mano o tipo guante, para que la experiencia sea más parecida a que lo estás acariciando.
- Champú - Usa un champú suave específico para perros.
- Cortaúñas
- Cepillo de dientes y pasta dental (consulta el sitio American Kennel Club para las recomendaciones más recientes). Usa pasta dental específica para perros.

Cuidado del pelaje

Aunque los Dachshunds mudan, lo hacen con moderación. Esto puede variar según el tipo de pelaje, pero dado su tamaño, no soltarán mucho pelo.

Si tienes alergias, los Dachshunds mudan lo suficiente como para desencadenarlas.

Cachorros

Más allá del tipo de pelaje que tenga tu Dachshund, el acicalamiento de un cachorro no varía mucho entre las distintas razas, y sus pelajes son fáciles de manejar, aunque sea un poco complicado hacer que se queden quietos durante el proceso. El cepillado diario no solo reduce la cantidad de pelo que muda, sino que te ayuda a crear un vínculo con él. Sí, será un poco desafiante al principio porque los cachorros no paran de moverse ni por un minuto y querrán jugar. Hacerle entender que el cepillo no es un juguete no funcionará, así que deberás ser paciente durante cada sesión de cepillado.

Por otro lado, tu cachorro será tan adorable que no te importará que el acicalamiento tome un poco más de tiempo. Pero debes hacerle entender que esto es un asunto serio y que luego podrán jugar. De lo contrario, tu Dachshund siempre intentará jugar, lo que hará que cepillarlo tome demasiado tiempo. Planifica cepillarlo después de una sesión de ejercicio intenso para que no tenga tanta energía.

Perros adultos

El acicalamiento variará según el pelaje de tu Dachshund. Si es de pelo largo, tendrás que hacerlo a diario, mientras que los otros dos tipos de pelaje requerirán un cepillado menos frecuente.

Más allá del tipo de Dachshund que tengas, asegúrate de no bañarlo muy seguido. Una de las razones por las que estos perros no suelen ensuciarse tanto, a pesar de estar tan cerca del suelo, es que su piel

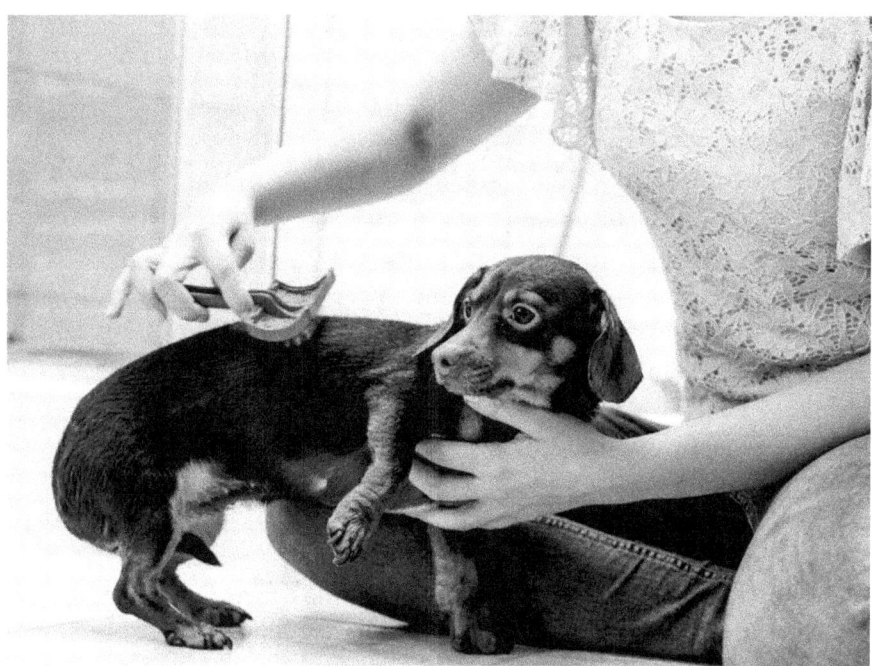

Foto cortesía de
Tamara Hanson

produce una grasa natural que los protege. Esta grasa era fundamental cuando a los Dachshunds se los usaba para la caza, ya que los ayudaba a enfrentar condiciones exigentes. Si lo bañas con mucha frecuencia, eliminas esa capa protectora y lo vuelves más vulnerable al clima y otros factores externos.

Si adoptaste a un Dachshund adulto, puede que al principio no esté acostumbrado al cepillado frecuente. En ese caso, puedes incorporarlo a su rutina diaria poco a poco, igual que harías con el entrenamiento.

Pelaje corto

De los tres tipos de pelaje, este es el más fácil de mantener. Un Dachshund de pelo corto solo necesita ser cepillado una vez por semana. Durante la primavera y el otoño, un par de veces por semana, ya que mudará con más frecuencia, aunque no verás mucho pelo por la casa debido a que su pelo es corto.

Pelaje largo

Este tipo de pelaje es el más difícil de mantener, y el cepillado diario es esencial para garantizar que no se enrede. No es necesario que sean sesiones largas, solo lo suficiente para evitar que se formen nudos. Usa el cepillo tipo *slicker* para el cepillado diario.

Comienza por la cabeza y pasa el cepillo por todo su cuerpo para eliminar cualquier enredo.

Una vez a la semana, necesitarás hacer una sesión de acicalamiento más larga. Esto requerirá un segundo cepillado con el cepillo de cerdas. En esta ronda, desenreda bien pero con cuidado, no querrás lastimar a tu Dachshund.

También necesitarás cortar algo de pelo cada semana. Esto probablemente requerirá la ayuda de una segunda persona, en caso de que no logres que tu cachorro se quede quieto. Además, deberás recortar el pelo alrededor de sus patas, orejas y parte inferior, lo que evitará enredos y nudos.

Hacerlo de la manera correcta puede ser complicado con los perros de pelo largo. Si crees que necesitas ayuda, puedes acudir a un peluquero profesional de vez en cuando para aprender cómo se realiza el cepillado y recorte más detallado. Hazle las preguntas necesarias para luego poder hacerlo tú; si bien no hará falta que vayas siempre al peluquero, un par de visitas pueden ser muy beneficiosas para ti y tu perro.

Pelaje duro

El Dachshund de pelo duro muda menos que las otras dos razas y requiere un cepillado dos veces al mes. Es aconsejable cepillarlo con más frecuencia durante la primavera y el otoño, cuando tiende a mudar más.

La razón por la que el pelaje de este Dachshund es duro es porque tiene una capa inferior suave. Durante la primavera y el otoño, esta capa deberá ser despojada para eliminar el exceso de muda. Después de un cepillado regular, use un peine de *stripping* para eliminar el pelo adicional de la segunda capa.

Perros mayores

Puedes cepillar a tu perro mayor con más frecuencia si lo deseas, ya que estará feliz de recibir afecto y tiempo extra contigo. Después de todo, está disminuyendo su ritmo, y relajarse juntos será agradable para él. Las sesiones de acicalamiento, además, son un buen momento para verificar su cuerpo. Mientras lo cepillas, chequea cualquier cambio en la piel, como bultos o protuberancias grasosas. Si llegan a ser muy grandes, deberás mencionárselo al veterinario.

Alergias

Si tu Dachshund está sufriendo de puntos calientes o pierde demasiado pelo durante las sesiones de acicalamiento, estate atento a estos otros problemas, que podrían ser un signo de alergias:

- Las heridas tardan más en sanar
- Sistema inmunológico débil
- Dolor en las articulaciones
- Caída del pelo
- Infecciones de oído

El cepillado regular te permite que controles el estado del pelaje de tu Dachshund, y puede ayudarte a identificar cualquier problema provocado por alergias. Si notas alguno, llévalo de inmediato al veterinario.

Hora del baño

Más allá de la longitud de su pelaje, tu Dachshund solo necesitará un baño cada tres meses, a menos que se ensucie mucho. Evita lavarlo con demasiada frecuencia, ya que necesita los aceites naturales que mantienen su pelo con aspecto brillante y saludable.

Por supuesto, si se ensucia jugando en el barro, tendrás que bañarlo sí o sí. Asegúrate de que el agua no esté demasiado fría ni demasiado caliente, pero tibia. Evita mojarle la cabeza.

Puedes usar estas prácticas con otros tipos de baño, como al aire libre o en una instalación de lavado pública, modificándolas según las herramientas que tengas a mano.

Las primeras veces que bañe a tu perro, presta atención a las cosas que le molestan o asustan. Si tiene miedo del agua que sale de la grifería, cierra la llave cuando esté en la bañera. Si notas que se mueve mucho cuando comienzas a aplicar el champú, podría indicar que el olor es demasiado fuerte. Es decir, tendrás que modificar el proceso para que sea lo más cómodo posible para tu Dachshund.

Ten en cuenta que debes ser paciente y mantenerte tranquilo durante el baño. Si te enojas o descargas tu frustración en el perro, harás que deje de confiar en ti, lo que convertirá el baño en una experiencia desagradable para ambos. No se trata de una lucha por el control, sino más bien de entender que, desde su punto de vista, bañarse puede parecerle algo muy incómodo o hasta innecesario. Mantén una actitud paciente y cariñosa mientras lo lavas, para que cada vez le resulte un poco más fácil. Es posible que tu Dachshund se queje, se sacuda o intente escaparse, pero cuanto más relajado te vea, más rápido aprenderá que el baño es solo una parte más de la rutina, como cualquier otra actividad en familia.

Si tienes un Dachshund de pelo largo, muchos criadores y aficionados recomiendan usar un secador de pelo para agilizar el secado. Usa la temperatura más baja y, mientras lo haces, cepilla el pelaje como si lo estuvieras peinando normalmente. Eso sí: evita dejar el calor demasiado tiempo en un solo punto para no resecarle la piel.

Limpieza de ojos y orejas

Usa una toallita para lavar la cara y las orejas de tu perro. Cuando lo bañes, ten cuidado de no le entre agua en las orejas. También, es importante que revises sus orejas una vez por semana para asegurarte de que estén saludables y que no estén enrojecidas por dentro. Se puede usar una almohadilla tibia y húmeda para limpiar la parte superficial. Si el enrojecimiento no mejora en un día, haz una cita para visitar al veterinario. Si ves acumulación de cera, puedes limpiarla muy suavemente, pero nunca introducir nada.

Los Dachshunds tienen varias afecciones oculares genéticas (Capítulo 16), así que tómate el tiempo para revisar siempre los ojos de tu perro mientras lo estás acicalando. Las cataratas son un problema bastante común para todos los perros a medida que envejecen. Si notas que sus ojos están nublados, llévalo a que lo revisen. En el caso de que esté desarrollando cataratas, es posible que requiera cirugía, ya que le pueden producir ceguera.

Recorte de uñas

Cortarle las uñas a un Dachshund puede ser difícil. Muchos tienen las uñas negras, lo que hace difícil saber hasta dónde cortar sin llegar a la parte viva de la uña, que puede sangrar si se lastima. Por eso, lo mejor es observar cómo lo hace un profesional antes de intentarlo por tu cuenta. Si nunca lo has hecho antes, lo más recomendable es que un veterinario o peluquero canino te enseñe. Un mal corte puede causar bastante sangrado, y saber hasta dónde recortar no siempre es fácil. Si ya tienes experiencia, asegúrate de tener a mano polvo hemostático por si cortas más de la cuenta, ya que puede ayudar a detener el sangrado de inmediato.

También puedes usar un pulidor de uñas, que permite mantenerlas cortas sin el riesgo de dañar la parte sensible. Eso sí, si decides usar uno, deberás aprender bien cómo hacerlo, ya que si limas de más también puedes lastimarlo. Consulta primero con un profesional para aprender a usarlo correctamente, mantener a tu perro tranquilo y asegurarte de que todo se haga de forma segura.

Para saber cuándo es necesario un corte de uñas, si tu perro camina sobre superficies duras y suena *click* con cada paso que da, es el momento indicado. Además, deberás aumentar la frecuencia con la que le recorta las uñas. Como regla general, se recomienda una vez al mes.

Salud bucal y cepillado de dientes

"Siempre le enseño a los nuevos dueños sobre la importancia de acostumbrar a sus cachorros al contacto con los dedos en la boca y al sabor de una buena pasta dental para mascotas. Lo ideal es cepillarle los dientes al menos un par de veces por semana, usando un poco de pasta. Muchas personas se olvidan de este aspecto, pero los problemas de salud bucal pueden aparecer fácilmente si no se toman medidas preventivas. Y lo mejor es que son cosas simples que se pueden hacer en casa".

Kim Gillet
Cameo Dachshunds

Los Dachshunds necesitan que les cepillen los dientes a diario, ya que tienden a tener problemas con sus dientes y encías. Lo ideal es que aprendas cómo hacerlo para no tener que ir con un profesional cada vez. También es bueno saber cómo hacerlo en caso de que tenga mal aliento o coma algo que huele desagradable.

De nuevo, es importante que seas paciente y evitar que se convierta en una mala experiencia. A tu Dachshund le resultará extraño que le pongan cosas en la boca a la fuerza y probablemente no estará muy contento. Sin embargo, una vez que se acostumbre, solo tomará unos minutos al día.

Es fundamental que siempre utilices una pasta de dientes especial para perros, ya que la que usamos nosotros puede serle tóxica. El sabor de la pasta también facilitará el cepillado, o al menos lo mantendrá entretenido mientras intenta comerla. Para comenzar el cepillado:

Una vez que tu perro parezca estar cómodo con que le cepilles los dientes con el dedo, intenta los mismos pasos con un cepillo de dientes canino. Puede ser una rutina similar al principio, pero no debería tomar tanto tiempo para que lo acepte. Podría tomar un par de semanas antes de que pueda acostumbrarse al cepillo.

CAPÍTULO 15
Salud y Prevención

Debido a su estatura pequeña, necesitas ser muy cuidadoso con los factores ambientales a los que tu Dachshund está expuesto diariamente. A él le encanta salir a nuevos lugares y hacer senderismo en bosques, para eso fue criado. No querrás negarle las cosas que ama; sin embargo, debes asegurarte de que sus salidas no exacerben las alergias ambientales que pueda tener, y deberás monitorearlo para detectar parásitos. Por ejemplo, si vives cerca de una zona boscosa, tu perro tiene un mayor riesgo de contraer garrapatas que uno que vive en la ciudad. Habla con tu veterinario al respecto.

Foto cortesía de Jen Cherry

Qué papel cumple el veterinario

Desde la actualización de vacunas anuales hasta los chequeos de salud, las visitas regulares al veterinario asegurarán que tu Dachshund se mantenga sano. Si lo notas letárgico o menos entusiasmado de lo habitual, podría ser una señal de que algo no está bien. Por suerte, su personalidad extrovertida tiende a facilitar la detección cuando no se siente bien. Las visitas anuales al veterinario podrán ayudar a detectar cualquier problema que esté afectando a tu perro.

Los chequeos de salud también aseguran que tu Dachshund esté envejeciendo bien. Si hay síntomas de alguna condición característica de la edad (como artritis), un diagnóstico temprano te permitirá comenzar a tratarla. El veterinario puede ayudarte a encontrar formas de manejar el dolor y los problemas que vienen con la vejez y podrá recomendarte ajustes en su rutina que se adapte a sus capacidades reducidas. Esto asegurará que puedan seguir divirtiéndose juntos sin lastimar a tu perro.

Además, los veterinarios pueden proporcionar tratamientos y/o medicamentos preventivos para los diferentes tipos de parásitos que tu perro puede encontrar cuando está afuera, durante interacciones con otros perros o por exposición a animales fuera de su hogar.

Alergias

Los Dachshunds no son conocidos por tener alergias, pero algunos de ellos pueden presentar reacciones alérgicas al entorno (no solo a la comida). Sin embargo, no tienen el mismo tipo de reacción que las personas. En lugar de estornudos, tos y secreción nasal, las alergias a menudo se presentan como irritaciones cutáneas. Esto es más fácil de detectar en un Dachshund de pelo corto que en los otros dos tipos, ya que la irritación se verá a simple vista, y será fácil notar si ha estado mordisqueando una zona de su cuerpo con más frecuencia que otras.

En el caso de la alergia ambiental, también llamada dermatitis atópica, es más difícil determinar si el problema recae sobre el ambiente o la comida que le estás dando a tu perro. Los síntomas tienden a ser similares para ambos tipos de alergias:

- Picazón, particularmente alrededor de la cara
- Puntos calientes
- Infecciones de oído
- Infecciones cutáneas
- Secreción en ojos y nariz (no tan común)

El momento de acicalamiento es ideal para prestar atención a muchos de estos problemas potenciales.

Los perros suelen desarrollar alergias cuando tienen entre 1 y 5 años, y una vez que la tienen, es de por vida. Por lo general, se las relaciona con la exposición cutánea, pero algunos caninos pueden ser alérgicos a partículas microscópicas, como polvo, mohos y polen.

Dado que los síntomas son los mismos, tendrás que hablar con tu veterinario para determinar la causa. Si tu perro sufre de alergia alimentaria, todo lo que tienes que hacer es cambiarle la comida. En cambio, si tiene una alergia ambiental, necesitará medicación, al igual que los humanos. Por eso, para determinar el tratamiento, es importante saber si el problema es estacional (como el polen) o es constante.

Como ocurre con los humanos, eliminar el problema no es posible, hay un límite en lo que puedes hacer para cambiar el entorno de tu perro. Existen varios tipos de medicamentos que pueden reducir su sensibilidad a los alérgenos.

- **Antibacterianos/Antifúngicos** – Los champús, píldoras y cremas generalmente no tratan la alergia sino los problemas subyacentes que vienen con las alergias, como infecciones bacterianas y por levaduras.

- **Antiinflamatorios** – Estos son medicamentos orales de venta libre. Deberás monitorear a tu perro para ver si tienen algún efecto adverso. Antes de darle cualquier medicamento, consulta con el veterinario. Si tiene una mala reacción, como letargo, diarrea o deshidratación, debes consultar con tu veterinario.

- **Inmunoterapia** – Una serie de inyecciones puede reducir su sensibilidad a lo que sea que le cause alergia. Esto es algo que puedes hacer en casa, por lo que no necesitarás llevarlo al veterinario para completar la serie. Aprende cómo administrar las inyecciones, y luego puedes averiguar cómo administrar las inyecciones para los problemas ambientales en tu área. Los científicos también están desarrollando una versión oral del medicamento.

- **Tópico** – Este medicamento es un tipo de champú y acondicionador que puede eliminar cualquier alérgeno del pelaje de tu perro. Darle un baño tibio (no caliente) también puede ayudar a aliviar la picazón.

Habla con tu veterinario sobre los medicamentos disponibles para determinar el mejor tratamiento según la situación y las necesidades de tu Dachshund.

Alergias ambientales y por inhalación

Las alergias por inhalación son causadas por cosas como polvo, polen, moho e incluso caspa de perro. Tu perro podría rascarse en un punto caliente particular o podría comenzar a frotarse los ojos y las orejas. Algunos perros también pueden presentar secreción nasal y estornudos.

Alergias por contacto

Las alergias por contacto significan que tu perro ha tocado algo que desencadena una reacción alérgica. Cosas como la lana, los químicos en un tratamiento para pulgas y ciertos tipos de hierba pueden provocar irritación en su piel, incluso causando decoloración. Si no se trata, la reacción alérgica puede hacer que el área afectada emita olores fuertes y cause pérdida de pelo.

Al igual que las alergias alimentarias, las alergias por contacto son fáciles de tratar porque una vez que conoces la causa, puedes eliminar el problema.

Pulgas y garrapatas

A los Dachshunds les encanta estar al aire libre (excepto cuando hay mal clima), por lo que deberás tener mucho cuidado con las pulgas y garrapatas, incluso si solo sale al jardín. Recuerda que una vez que comienzas con el tratamiento, no puedes interrumpirlo.

Después de cada salida al bosque o cerca de hierba alta o plantas silvestres, hazle siempre un control de garrapatas. Peina su pelaje y revisa su piel en busca de irritación y parásitos. Como lo harás con frecuencia, deberías poder notar cuando hay un cambio, como un nuevo bulto, por ejemplo. Como tu perro estará muy feliz de pasar tiempo contigo, la revisión no debería llevar mucho tiempo.

Las pulgas son problemáticas porque, a diferencia de las garrapatas, se mueven constantemente. La mejor manera de asegurarte de que no tenga pulgas es revisarlo durante el cepillado. También puedes utilizar peines especiales. Si ves manchas negras en el peine después de cepillarlo, esto podría ser una señal de pulgas. Otra opción puede ser colocar a tu perro sobre una toalla blanca y pasarle la mano por el pelaje. Es probable que las pulgas y la suciedad caigan sobre la toalla. La mayoría se ubican al nivel del vientre, por lo que podrás notarlas cuando tu cachorro te pida que le acaricies la barriga. También puedes buscar cier-

Foto cortesía de
Anna Tolley

tos comportamientos, como el rascado y lamidos incesantes. Una vez que alcance una edad apropiada, deberás usar productos preventivos contra pulgas de manera regular.

Además de ser molestos, ambos pueden portar parásitos y enfermedades que pueden transmitirse a ti y a tu perro. Las garrapatas transmiten la enfermedad de Lyme, que puede ser debilitante o mortal si no se trata. Sus síntomas incluyen dolores de cabeza, fiebre y fatiga. La picadura en sí a menudo tiene un círculo rojo alrededor que puede crecer. Como es probable que tu perro comience a actuar letárgico después de que lo haya picado, asegúrate de buscar la erupción circular, y si ves una o no estás seguro, llévalo al veterinario para que lo revise.

Si la garrapata no se ha adherido a la piel de tu perro, quiere decir que no lo picó y puedes sacarla. Las garrapatas se desprenden solas una vez que están llenas, así que si le encuentras una a tu perro, está buscando adherirse o se está alimentando. Sigue estos pasos para quitarlas:

1. Aplica alcohol en la zona donde está la garrapata.
2. Usa pinzas para quitarla. No uses los dedos, ya que te puede transmitir una infección a través de la sangre.
3. Examina el lugar donde estaba la garrapata para asegurarte de que la eliminaste por completo.
4. Programa una cita con el veterinario para que la revise.

Consulta con tu veterinario sobre los tratamientos recomendados para obtener la dosis correcta según el tamaño y las necesidades de tu Dachshund. Cuando le apliques el tratamiento, asegúrate de que no tenga:

- Diarrea o vómitos
- Temblores
- Letargo
- Convulsiones

Llévalo al veterinario si notas alguno de estos problemas.

Nunca uses ningún producto destinado para un perro en un gato o viceversa. Si tu perro está enfermo, gestando o amamantando, es posible que debas buscar un tratamiento alternativo. Los collares antipulgas no se recomiendan porque contienen un ingrediente que es letal

*Foto cortesía de
Vickie Rich*

para los felinos y que podría ser cancerígeno para los humanos. Así que si tienes un gato o niños pequeños, debes elegir otra opción.

Cuando compres un tratamiento, asegúrate de leer el envoltorio para saber cuándo es el momento adecuado para comenzar a tratar a tu perro según su edad y tamaño. Cada marca tiene sus recomendaciones, y no querrás comenzar a tratar a tu cachorro demasiado pronto. Además, hay pasos clave que debes conocer para aplicarlo correctamente y es importante que entiendas todo el proceso.

Si prefieres utilizar productos naturales en lugar de químicos, dedica un tiempo a investigar las alternativas y descubrir cuál funciona mejor para tu Dachshund. Antes de comprarlo, verifica que sean seguros y consulta con tu veterinario. Establecer un horario fijo y anotarlo en el calendario te ayudará a no olvidar el tratamiento mensual de tu perro.

Gusanos parásitos

Aunque los gusanos son menos comunes que las pulgas y garrapatas, pueden ser mucho más peligrosos. Tu perro puede enfermarse si contrae gusanos transmitidos por estos parásitos. Existen varios tipos de gusanos a los que debes prestar atención:

- Gusanos del corazón
- Anquilostomas
- Lombrices intestinales
- Tenias
- Tricocéfalos

Lamentablemente, no existe un conjunto de síntomas fáciles de reconocer que indiquen de forma clara que tu perro tiene gusanos. Sin embargo, puedes estar atento a las siguientes señales, y si presenta alguna, programa una visita al veterinario.

- Tu Dachshund se muestra letárgico durante varios días.
- Comienzan a aparecer parches sin pelo (será más evidente si lo cepillas con frecuencia) o zonas irregulares en su pelaje.
- Su abdomen se distiende y parece hinchado.
- Comienza a toser, vomitar, tener diarrea o perder el apetito.

Si tienes dudas sobre algún síntoma, lo mejor es acudir al veterinario lo antes posible.

Gusanos del corazón

Los gusanos del corazón no solo representan una amenaza para la salud de tu perro, sino que son mortales, ya que pueden disminuir y hasta detener por completo el flujo sanguíneo. Por eso, es muy importante que siempre lo trates preventivamente contra estos parásitos.

Lo positivo es que son fáciles de prevenir, ya que existe una gran variedad de medicamentos que puedes darle a tu Dachshund: masticables, tópicos o inyectables.

Este parásito en particular es transmitido por mosquitos, que se encuentran en todo el mundo. Por lo tanto, es esencial tomar medidas preventivas.

Si tu perro se llegara a enfermar, debes saber que el tratamiento es costoso y largo:

1. El veterinario realizará extracciones de sangre para analizar.

2. El tratamiento comenzará con algunos medicamentos, como antibióticos y antiinflamatorios.

3. Luego de un mes, el veterinario le administrará tres inyecciones en el transcurso de dos meses.

Desde el momento en que se confirma que tu perro tiene gusanos del corazón hasta que está curado, debes mantenerlo tranquilo y ejercitarlo poco (el veterinario te indicará cómo hacerlo). Considerando que tu Dachshund quiera jugar y estar activo, este será un período muy difícil para ambos. Sin embargo, debes tener mucho cuidado: los gusanos están en su corazón, inhibiendo el flujo sanguíneo, y si bombea demasiado, podría morir.

El tratamiento continuará una vez que le hayan administrado las inyecciones. Después de aproximadamente 6 meses, el veterinario realizará otra prueba de sangre para asegurarse de que tu perro ya no tiene gusanos.

Por más que ya esté sano, deberás medicarlo de por vida, para que no se enferme de nuevo. Su corazón tendrá un daño irreversible, por lo que no es aconsejable el ejercicio en exceso.

Gusanos intestinales: anquilostomas, lombrices, tenias y tricocéfalos

Estos gusanos se desarrollan en el tracto intestinal de tu perro cuando come algo contaminado con ellos. A continuación, se indican las fuentes más comunes de contagio:

- Heces
- Pulgas, cucarachas, lombrices de tierra y roedores
- Suelo, incluso al lamerlo de su pelaje y patas
- Agua contaminada
- Leche materna (si la madre está infectada, puede transmitirlos a los cachorros durante la lactancia)

Los síntomas y consecuencias más comunes por infección de parásitos intestinales son:

- Anemia
- Pérdida de sangre
- Tos
- Deshidratación
- Diarrea
- Inflamación del intestino grueso
- Pérdida de peso

Si un perro entra en contacto con larvas de anquilostomas, el parásito puede perforar su piel. El veterinario realizarán una prueba para determinar la infección. Si es positiva, te recetará un desparasitante. Es importante que tú veas a un médico porque los humanos también pueden contagiarse.

Las lombrices intestinales son tan comunes como las pulgas, y en algún momento, la mayoría de los perros las tienen. Estos parásitos se alimentan de la comida digerida en su estómago, quitándole sus nutrientes. Es posible que, incluso después de que los gusanos hayan muerto, las larvas sigan creciendo dentro de tu perro. Además, pueden transmitirse durante la gestación. Por eso, si la madre estuvo infectada, es necesario que se evalúen a los cachorros con regularidad. Además de los síntomas ya mencionados, tu Dachshund puede tener el abdomen hinchado y puede haber gusanos en su excremento o vómito.

Las tenias suelen transmitirse a través de sus huevos, al estar en contacto con pulgas o heces de otros animales infectados y se desarrollan en el intestino delgado del perro. Con el tiempo, se desprenderán algunas partes de este gusano y saldrán en las haces, que debes limpiar bien para evitar que otros animales se contagien. Si bien las tenias no son fatales, pueden causar pérdida de peso e inflamación abdominal (dependiendo de cuán grandes sean los gusanos).

El veterinario examinará a tu perro y te recetará un medicamento que puede ser masticable, en tabletas o en polvo. En el caso de contagios en humanos, el riesgo es bajo, aunque se debe tener cuidado con los niños que jueguen en áreas donde hay desechos de perros.

Los tricocéfalos se desarrollan en el intestino grueso y pueden ser fatales. Al igual que con los otros gusanos, deberás llevar a tu perro al veterinario para determinar si está enfermo.

Las mejores medidas preventivas para evitar que tu perro contraiga estos parásitos son: tratarlo contra pulgas y garrapatas, controlar que no coma basura o desechos de animales y asegurarte de que las personas recojan los desechos de sus mascotas.

Recuerda que, si tu perro tiene anquilostomas o lombrices intestinales, te los puede transmitir a través del contacto con la piel. Por eso, tratarte al mismo que tu Dachshund puede detener el contagio cíclico.

Por otro lado, las medidas preventivas contra todos estos gusanos pueden incluirse junto con la medicación preventiva para los gusanos del corazón. Consulta con tu veterinario sobre las diferentes opciones para evitar que tu mascota sufra cualquiera de estos problemas de salud.

Alternativas holísticas

Si quieres que tu perro no esté tan expuestos a tratamientos químicos constantemente, puedes optar por métodos más holísticos. Sin embargo, esto requiere mucha investigación y monitoreo para asegurar su eficacia y seguridad. La medicina holística no verificada puede ser una pérdida de dinero o, peor aún, perjudicial para tu mascota.

Recuerda, antes de tomar cualquier decisión, habla con un veterinario sobre tus opciones. También puedes buscar expertos en Dachshunds para ver qué recomiendan antes de comenzar a usar cualquier otro método y leer documentación científica. Existe la posibilidad de que los productos más genéricos sean en realidad mejores que algunos medicamentos holísticos vendidos en tiendas especializadas.

Asegúrate de ser minucioso en tu investigación y de no poner en riesgo la salud de tu perro. Cosas como la acupuntura son populares, pero no se sabe con certeza si es una práctica segura para mascotas. Por eso, es aconsejable visitar aquellos sitios dedicados al cuidado de los Dachshunds, en dónde puedes encontrar información sobre lo que se recomienda. Por ejemplo, la terapia de masaje puede beneficiar a tu perro, en especial a medida que envejece; incluso existe un tipo especial de terapia quiropráctica. Sin embargo, deberás elegir un buen profesional y tener cuidado con los posibles problemas de salud que tiene la raza. Sigue las recomendaciones de sitios que estén acreditados para proporcionarle un cuidado adecuado y seguro.

CAPÍTULO 16
Problemas de salud genéticos

"Los Dachshunds son conocidos por tener una columna vertebral delicada. Existe una posible correlación genética con la enfermedad del disco intervertebral (IVDD, por sus siglas en inglés). Mantener a tu Dachshund en un peso saludable y evitar que salte desde lugares altos ayudará a proteger su espalda".

Elizabeth Bender
BenderDachs

A pesar de su tendencia a sufrir problemas de espalda, los Dachshunds son perros de raza pura sorprendentemente saludables. Esto no significa que estén libres de problemas genéticos, y algunos de los posibles pueden ser graves. Por eso es fundamental investigar bien al criador antes de adoptar. Los criadores responsables ofrecen garantías (Capítulo 3) para asegurarte que sus cachorros puedan ser devueltos si presentan algún problema genéticos. Para cumplir con los requisitos de estas garantías, debes conocer los problemas y sus síntomas. Cuanto antes comiences con la prevención, más sano será tu Dachshund.

Los criadores deberían poder proporcionar registros de salud además de cualquier registro de vacunación y pruebas requeridas. Asegurarte de que los padres sean sanos aumenta la probabilidad de que tu cachorro permanezca sano durante toda su vida. Sin embargo, existe la posibilidad de que padezca uno de estos problemas documentados incluso si los padres no los presenta, por lo que deberás controlarlo.

Enfermedad del disco intervertebral

Debido a sus espaldas alargadas, los Dachshunds son propensos a lesiones espinales. La enfermedad del disco intervertebral (IVDD, por sus siglas en inglés) es una enfermedad genética que hace que los discos y las vértebras se vuelvan frágiles. Esto, sumado a su espalda larga, aumenta las probabilidades de que tu Dachshund sufra de discos rotos o desplazados, especialmente a medida que envejece, y puede provocar daños permanentes en su columna vertebral y, en los peores casos, dejarlo paralizado.

Aunque ya se ha mencionado, aquí hay un recordatorio de las medidas que puedes tomar para reducir el riesgo de lesiones en la columna vertebral de tu perro.

Foto cortesía de Jennifer Henderson

- Asegúrate de que haga suficiente ejercicio, manteniéndolo en un peso saludable.

- En la medida de lo posible, evita que salte, particularmente de muebles y al entrar o salir de tu automóvil. El esfuerzo sumado al impacto, puede dañar su espalda.

- Si en algún momento necesitas levantarlo (debido a una lesión, un animal más grande agresivo o escaleras empinadas cuando están de paseo), levanta ambos extremos del perro al mismo tiempo y no solo por las patas delanteras. Debes sostener todo su cuerpo apoyado mientras lo sostienes.

Acantosis Nigricans

A pesar de lo mal que suena su nombre, esta enfermedad genética no es mortal, lo que produce es que la piel de tu perro se oscurezca. Existen dos tipos, y los Dachshunds sufren del primer tipo (y son casi la única raza que lo padecen).

Si tu Dachshund tiene esta enfermedad, se manifestará durante el primer año. Su piel comenzará a oscurecerse y engrosarse. Esto puede causar infecciones bacterianas o por levaduras en las partes afectadas de la piel.

175

Es una condición rara, y los veterinarios le harán una biopsia para determinar si la padece. El tratamiento generalmente se realiza mediante inyecciones y champús medicinales.

La otra forma de la enfermedad es causada por la fricción cuando un perro es obeso o tiene algunas anomalías físicas. También podría ser un indicio de algo más grave, como hipertiroidismo u otro tipo de desequilibrio hormonal. Las alergias también pueden contribuir. Dado que este tipo a menudo es causado por un problema externo, el tratamiento es mucho más sencillo, junto al tratamiento del problema subyacente. Si es un caso grave, puede ser que deban administrarle inyecciones a tu perro.

Foto cortesía de Deborah Swingley

Cualquiera que sea la causa, debes consultar a un veterinario si notas zonas más oscuras en la piel de tu perro para que la condición pueda ser tratada.

Hipotiroidismo

Esta es una enfermedad común entre los humanos (y muchas otras razas de perros). El hipotiroidismo es el resultado de la producción insuficiente de la hormona tiroidea. Suele manifestarse en los Dachshunds entre los dos y seis años, y los síntomas incluyen aumento de peso, falta de energía y problemas de piel (como resequedad o picazón).

Se realiza un análisis de sangre para averiguar si un Dachshund la padece. Algunos veterinarios realizarán la prueba anualmente como medida preventiva. Si tu perro tiene hipotiroidismo, es probable que el profesional te recete medicación oral.

Enfermedad de Cushing

También conocida como hiperadrenocorticismo, esta enfermedad es el resultado de que las glándulas suprarrenales de un perro producen cantidades excesivas de la hormona cortisona. Es fácil confundir esta enfermedad con el envejecimiento. Los síntomas incluyen beber excesivamente, orinar con más frecuencia, pérdida de apetito y pelo, y aumento de peso.

Si notas alguno de estos signos en tu perro, llévalo al veterinario. Asegúrate de mencionar los problemas que has notado para que puedan hacer un análisis de esta enfermedad. Es tratable, por lo que cuanto antes se la detecten, mejor será su calidad de vida. El tratamiento generalmente incluye medicación, aunque en los casos más complejos puede requerir cirugía.

Problemas dentales

Los Dachshunds son conocidos por sus problemas dentales. Parte del problema es que sus dientes pueden crecer encimados, lo que aumenta la cantidad de comida que queda entre los dientes. Esto causa la formación de más placa, lo que puede provocar inflamación e infección de las encías.

Para mantener la boca de tu perro sana, debes cepillarle los dientes con regularidad. También, se aconseja llevarlo a un profesional para una limpieza más exhaustiva, sin anestesia. Debido a su tamaño, no se debe administrar anestesia a los Dachshunds, ya que puede matarlos. Con el cepillado tendría que ser suficiente para evitar cualquier problema dental.

Trastornos cardíacos

Uno de los dos trastornos más preocupantes comunes en los Dachshunds es la enfermedad degenerativa de la válvula mitral. Cuando un perro tiene este problema, la válvula cardíaca tiene fugas, y generalmente comienza cuando el perro está en sus años dorados, entre los 8 y 10. Querrás asegurarte de que tu Dachshund sea examinado para detectar este problema a medida que envejece. Cuando se detecta temprano, las consecuencias pueden minimizarse mediante medicación. Mantener a tu perro en un peso saludable es importante para evitar que su corazón trabaje de más.

Trastornos cerebrales

El segundo problema preocupante se relaciona con su cerebro. Hay varios problemas que son más comunes en los Dachshunds que en la mayoría de las otras razas.

- Los Dachshunds pueden sufrir de narcolepsia. Serán más letárgicos y cualquier desencadenante emocional fuerte puede hacer que se duerman. Tampoco hay advertencia sobre cuándo se desmayará. Podría ser la emoción por un paseo en automóvil o una golosina. Quizás dejaste una puerta abierta, lo que hizo que se emocionara demasiado por escapar. No hay tratamiento.

- La enfermedad de Lafora es un tipo más grave de epilepsia que se presenta como fuertes espasmos musculares. Las convulsiones generalmente duran solo un par de segundos. Este es un problema más común en los Dachshunds miniatura de pelo duro.

Si notas cualquiera de estos problemas, o cualquier otro tipo de convulsión o indicaciones de un trastorno neurológico, llévalo al veterinario lo antes posible.

Problemas oculares

Esos adorables ojos grandes son hermosos, pero también pueden tener muchos problemas. Muchos no suelen ser comunes, pero debes monitorear a tu cachorro para poder obtener tratamiento lo antes posible. Varias de estas condiciones pueden resultar en ceguera si no se tratan.

Glaucoma

Una dolencia ocular dolorosa, el glaucoma puede resultar en ceguera si no se trata a tiempo. Si notas que los ojos de tu Dachshund lagrimean mucho, que la córnea se vuelve azul o que entrecierra los ojos con frecuencia, llévalo al veterinario. Estas son señales de que está sufriendo.

También puedes hacer que tu veterinario realice un examen anual de glaucoma. Esto te ayudará a saber que tu perro está bien.

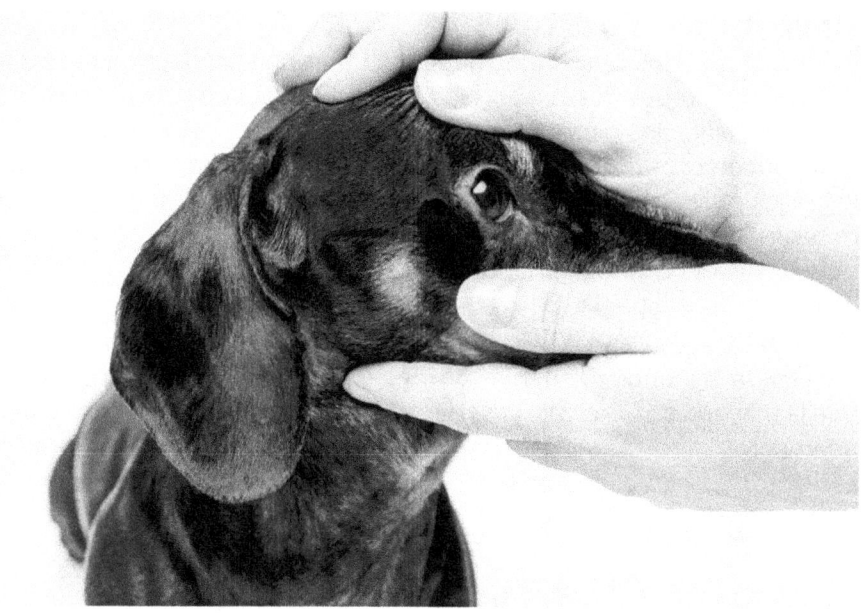

Atrofia progresiva de retina (APR)

La APR causa sensibilidad a la luz debido a problemas con la retina. Los cachorros deben ser examinados, por lo que, si adoptas de un criador, debería tener una garantía contra este problema en particular.

Los perros con esta condición generalmente comienzan a presentar ceguera nocturna, lo que puede ponerlos más nerviosos. Si miras los ojos de tu perro, también pueden reflejar más la luz a medida que se deterioran. La dolencia afecta a los dos ojos, por lo que el problema debería manifestarse en ambos.

No hay tratamiento para esta condición. Deberás aprender a adaptarte a que tu perro no vea bien.

Infecciones oculares

Uno de los problemas más comunes en los ojos de los Dachshunds son las infecciones. Si notas que sus ojos comienzan a verse rojos o inflamados, debes llevarlo al veterinario para que lo revisen. Hay varias causas potenciales para este problema, por lo que es necesario que el veterinario determine cómo tratarlo.

Síndrome del ojo seco

Los ojos de los Dachshunds pueden tener una producción reducida de lágrimas, lo que resulta en ojos secos. Esto puede provocar que tu perro se rasque los ojos o que comience a secretar mucosidad. Si no se trata, puede causar problemas graves y complicaciones, y en el peor de los casos puede resultar en ceguera. Para tratar la condición, puede ser necesaria una cirugía. Si no es grave, el veterinario puede aplicar lágrimas artificiales con regularidad.

Úlceras oculares

Los Dachshunds tienden a sufrir este problema con más frecuencia que la mayoría de las razas. Las úlceras oculares suelen aparecen repentinamente y requieren tratamiento inmediato para evitar que empeoren. Los síntomas más comunes son:

- Cráteres o agujeros que puedes ver en la superficie del ojo
- Ojos rojos o inflamados
- Lagrimeo
- Cierra mucho los ojos

Foto cortesía de
Lee Roberts
Roberts Twins Fotografía

Por lo general, las úlceras son causadas por lesiones en los ojos o párpados. También pueden ser resultado de algunos de los otros problemas de esta lista, como el síndrome del ojo seco.

Si se trata con inmediatez después de formarse, tu perro tardará solo unos días en recuperarse.

Infecciones fúngicas de oído

Los oídos de los perros son un lugar oscuro y cálido, propicio para la formación de hongos, levaduras y bacterias. Como el Dachshund tiene orejas largas y caídas, existe el riesgo de que desarrollen infecciones de oído. Las alergias pueden ser un factor contribuyente importante, pero todos los perros corren el riesgo de contraer este tipo de infecciones. Por eso es esencial no mojar sus orejas durante el baño y controlar la salud de sus oídos. Estate atento a los siguientes síntomas:

- Secreción coloreada (marrón o sanguinolenta)
- Hinchazón y enrojecimiento
- Formación de costras en la piel de la oreja
- Picazón o sacudir la cabeza con frecuencia
- Pérdida de audición o equilibrio
- Caminar en círculos (fuera de lo habitual)

Si notas alguno de estos síntomas, llévalo al veterinario, incluso si parecen leves. Hay muchos tratamientos disponibles, dependiendo de la gravedad de la condición. Por lo general, se recomendará una crema antimicótica, pero problemas más graves (como una infección en el oído medio) podrían requerir inyecciones o cirugía.

Si tu perro sufre de infecciones fúngicas crónicas de oído, es probable que tu veterinario te recomiende un limpiador de oídos especial o una solución que mantendrá el área seca.

Foto cortesía de Robin Klein

Errores comunes

Los dos mayores problemas son las lesiones en la espalda y la obesidad, pero no son las únicas cosas que podrías descuidar. Además de los problemas genéticos, hay cosas que puedes hacer que perjudican la salud de tu perro, relacionadas con la dieta y los niveles de ejercicio. En los primeros días, es un equilibrio difícil de lograr ya que tu cachorro es curioso y entusiasta. Incluso si es adulto, debes minimizar su estrés. El manejo del peso es una forma importante de mantenerlo sano. Debes asegurarte de darle la nutrición adecuada para su nivel de actividad y así evitar el riesgo de displasia de cadera y codo.

No notar los primeros signos puede ser perjudicial, incluso fatal. Si en algún momento notas cambios extraños en el comportamiento de tu perro, llévalo al veterinario. Si bien es una raza bastante sana, cualquier comportamiento extraño puede ser un signo de que algo no anda bien.

Prevención y monitoreo

La reciente tendencia de Dachshunds con sobrepeso "lindos" ha puesto el foco sobre los riesgos para la salud que este tipo de modas puede causar. Esta es una raza que, de por sí, ya es linda, además nunca se debe sacrificar su salud por hacerlo parecer "más tierno". En cambio, tómate un tiempo extra para entrenar a tu perro, que es mucho más sano y divertido.

Controlar el peso de tu Dachshund es súper importante y debes hacerlo al menos una vez cada tres meses o dos veces al año. Es probable que tu veterinario te alerte si tiene sobrepeso, ya que esto no solo ejerce presión sobre su espalda, patas, articulaciones y músculos, sino que también puede tener efectos adversos en su corazón, flujo sanguíneo y sistema respiratorio. Asegúrate de hablar con un profesional si notas que tu Dachshund tiene algún problema. Esas visitas regulares al veterinario pueden ayudarte a abordar condiciones que quizás no consideres tan importantes. A veces, los síntomas son un signo de un problema a futuro.

Foto cortesía de Katrice Brown

CAPÍTULO 17
El Dachshund en su vejez

La esperanza de vida promedio de un Dachshund es entre 12 y 16 años, lo que lo convierte en una de las razas más longevas. Incluso algunos han vivido cerca de dos décadas. Si cuidas bien al tuyo, podrías disfrutar de su compañía por mucho tiempo. Por supuesto, nunca será suficiente, pero hay mucho que puedes hacer para prolongar su vida. Un Dachshund bien cuidado vivirá más tiempo si no presenta problemas de salud significativos, lo que hace aún más importante asegurarte de que realice ejercicio con regularidad y tenga una buena alimentación, para que viva una vida larga y feliz.

En algún momento notarás que tu Dachshund está disminuyendo su ritmo, señal de que está comenzando a sentir la edad en sus huesos. Esto suele ocurrir alrededor de los 9 o 10 años. Un perro puede mantenerse saludable toda su vida, pero su cuerpo ya no podrá realizar las mismas actividades a medida que los años pasen. Los cambios necesarios se basarán en las necesidades específicas de tu Dachshund.

Los primeros signos de edad suelen ser un andar más rígido o jadeos intensos al inicio del paseo. Si notas esto, reduce los paseos largos y opta por caminatas más cortas y más frecuentes. Es posible que tu Dachshund quiera seguir siendo activo, así que haz ajustes en los tipos de actividades que realizan.

Tu horario deberá cambiar a medida que su canino disminuya su ritmo. Controla que no se esfuerce demasiado: es posible que tu Dachshund no quiera aceptar que las cosas están cambiando y no podrás controlarlo.

Hay una razón por la que estos se llaman los años dorados: realmente puedes disfrutarlos con tu perro. Ya no tendrás que preocuparte tanto de que destroce cosas por aburrimiento o se sobreexcite durante los paseos. Puedes disfrutar de noches tranquilas y fines de semana pacíficos con ejercicio suave para romper la rutina diaria. Es fácil hacer que, mediante pequeños ajustes, los años de vejez sean agradables para ambos.

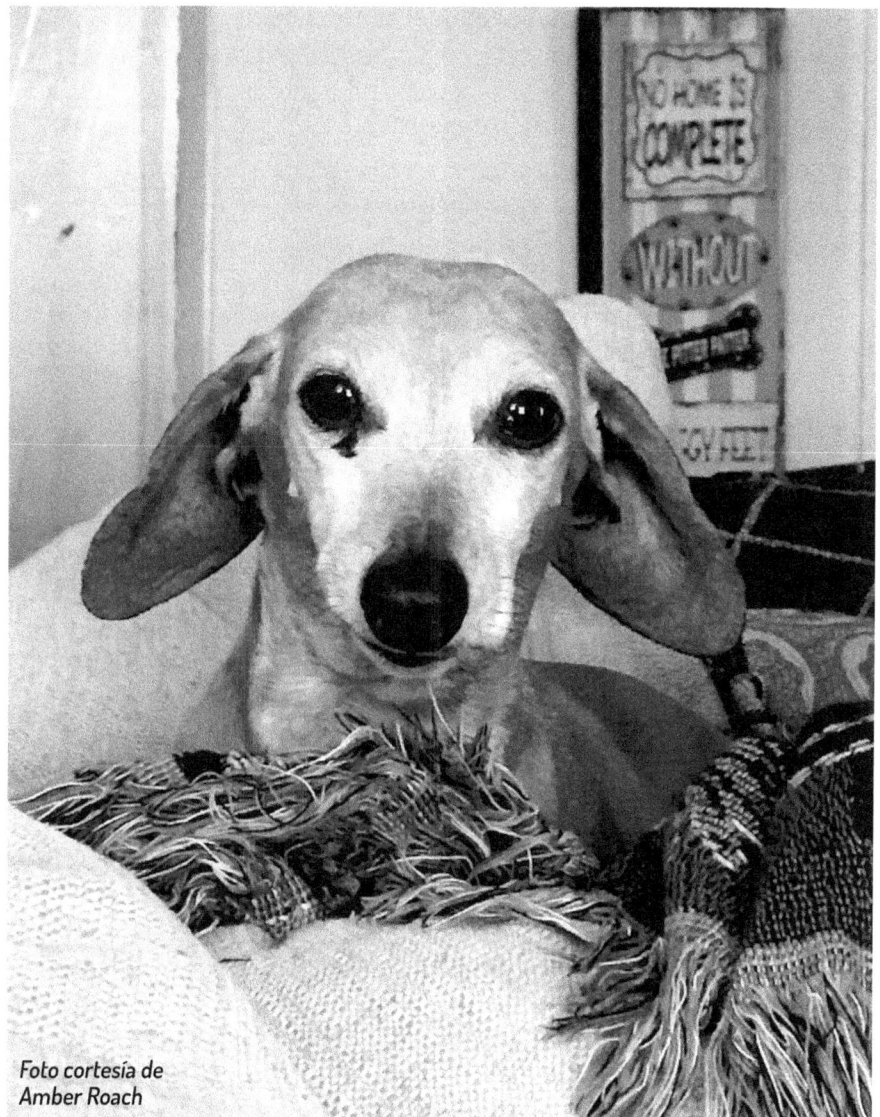

Foto cortesía de
Amber Roach

Desafíos del cuidado senior

En la mayoría de los casos, cuidar de un perro mayor es mucho más sencillo que cuidar de un perro joven, y los Dachshunds no son la excepción. Además, ya tienes la ventaja de haber estado trabajando durante años para evitar que tu perro se lesione la espalda, por lo que es posible que no necesites hacer muchos cambios en tu hogar.

Qué ajustes debes hacer para el confort de tu Dachshund senior:

- Coloca recipientes de agua en lugares diferentes para que pueda alcanzarlos fácilmente cuando lo necesite.

- Cubre cualquier superficie dura (como baldosas, madera y vinilo). Utiliza alfombras o tapetes antideslizantes.

- Añade cojines y camas mullidas. Esto hará que la superficie sea más cómoda. Existen calentadores de cama para perros si tiene dolores en articulaciones o músculos. Por supuesto, también debes asegurarte de que no esté demasiado caliente y encontrar la temperatura justa.

- Para mejorar su circulación, aumenta la frecuencia con la que lo cepillas.

- No lo dejes salir durante climas extremos.

- Instala escaleras o rampas especiales (si no lo has hecho ya) para que no tenga que saltar.

- Evita mover los muebles, particularmente si tiene problemas de visión o padece demencia. Trata de mantener los espacios tal cual él ya los conocía, será más reconfortante, menos estresante y le facilitará moverse sin lastimarse.

- Si tienes escaleras que ya no puede usar, arma un área especial para él.

- Crea un espacio donde pueda relajarse con menos distracciones y ruidos. Pero no lo hagas sentir aislado, que sea solo si quiere estar un tiempo a solas.

- Prepárate para sacarlo con más frecuencia para que haga sus necesidades.

Trastornos físicos comunes relacionados con el envejecimiento

Los capítulos anteriores cubren enfermedades intrínsecas de los Dachshunds, pero la vejez tiende a traer una serie de dolencias que son comunes a todas las razas. Aquí están las cosas que deberás controlar (además de hablar con tu veterinario).

- La artritis es probablemente la dolencia más común en perros senior. Si tu Dachshund muestra signos de rigidez y dolor después de

Foto cortesía de
Tamara Hanson

actividades habituales, pídele recomendaciones a tu veterinario sobre cómo minimizar el dolor y la incomodidad.

- La enfermedad de las encías es un problema común en perros mayores, por lo tanto, es de suma importancia que siempre cepilles sus dientes. Sin embargo, si llevas a tu perro a controles regulares, no se convertirá en un problema.

- La pérdida de visión o ceguera es tan común en perros mayores como en humanos. Lleva a tu perro a revisiones oculares al menos una vez al año y con más frecuencia si es obvio que su vista está fallando.

- La enfermedad renal suele aparecer en perros mayores, por lo que es clave que prestes atención a sus posibles síntomas. Si notas que tu Dachshund bebe con más frecuencia y tiene accidentes, llévalo al veterinario lo antes posible para que lo examinen.

- La diabetes es, sin dudas, la mayor preocupación para una raza que ama comer tanto como tu Dachshund, incluso realizando ejercicio diario. Aunque se considera una condición genética, cualquier Dachshund puede volverse diabético si no se alimenta y ejercita adecuadamente. Esta es otra razón por la que es tan importante controlar su dieta y sus niveles de actividad.

Escalones, rampas y sillas de ruedas

No es aconsejable que levantes a tu Dachshund, ya sea para llevarlo por las escaleras o subirlo al automóvil: podrías lastimarlo. Además, él todavía quiere tener cierta independencia. Por eso, la mejor manera de garantizar que tu perro pueda mantener cierto nivel de autosuficiencia a medida que envejece de forma segura es el uso de escalones o rampas; que también le proporcionarán un poco de ejercicio adicional.

Visitas al veterinario

A medida que tu Dachshund envejece, notarás una disminución en su ritmo, y el dolor que siente será obvio, al igual que en una persona mayor. Realiza visitas regulares a tu veterinario para asegurarte de que estás haciendo todo lo que está a tu alcance para su bienestar. Si sufre de una dolencia o condición, debes considerar todas las opciones para garantizarle una mejor calidad de vida, por ejemplo, el uso de ruedas si le cuesta mucho caminar.

Foto cortesía de
Gisela Benítez

La importancia de las visitas regulares al veterinario y qué esperar

Así como nosotros vamos al médico con más frecuencia a medida que envejecemos, tu perro también debería hacerlo. El veterinario puede indicarte cómo mantenerlo activo sin sobre exigirlo, y cómo hacer que no se estrese. Si tu Dachshund sufrió una lesión y te la ocultó, lo más probable es que el veterinario la detecte.

Un profesional también puede hacerte recomendaciones sobre actividades y ajustes en tu rutina basados en las capacidades físicas y en cualquier cambio de la personalidad de tu Dachshund. Por ejemplo, si notas que ahora jadea más, podría ser un signo de dolor por rigidez. Tu veterinario puede ayudarte a determinar la mejor manera de mantenerlo activo y feliz durante sus últimos años.

Qué esperar de las visitas al veterinario:

- Tu veterinario te hablará sobre el historial de tu perro, incluso si has ido cada año. Esta conversación es necesaria para ver cómo han ido las cosas y si ha comenzado a manifestarse algún problema o ha empeorado.

- Mientras conversan, probablemente realizará un examen físico completo para evaluar la salud de tu perro.

- Dependiendo de la edad y la salud del perro, quizás realice diferentes pruebas. Algunas de las más comunes son:
  - Prueba de enfermedades transmitidas por artrópodos, en la cual le extraen sangre y la analizan para detectar infecciones virales
  - Análisis químico para evaluación de riñones, hígado y niveles de azúcar en sangre
  - Hemograma completo
  - Flotación fecal, en la cual se mezclan las heces con un líquido reactivo para detectar lombrices y otros parásitos
  - Prueba de gusano del corazón
  - Análisis de orina para verificar la salud de los riñones y el sistema urinario

- Chequeo rutinario

- Cualquier prueba específica de la raza

Cambios a los que debes estar atento

Debes estar atento a cualquier indicio de que tu perro necesita reducir su ritmo para poder realizar ajustes alrededor de tu casa y reducir la intensidad de sus actividades.

Apetito y requisitos nutricionales

Al hacer menos ejercicio, tu perro no necesitará tantas calorías, así que deberás ajustar su dieta. Si le das alimento comercial, asegúrate de cambiar a una comida para perros senior. La comida para perros mayores está diseñada para sus necesidades dietéticas cambiantes, tiene menos calorías y más nutrientes.

En cambio, si le preparas comida casera, habla con tu veterinario e investiga la mejor manera de reducir las calorías sin sacrificar el sabor. Tu perro va a necesitar menos grasa, así que deberás encontrar algo que sea más saludable y que, al mismo tiempo, tenga mucho sabor para que el cambio no sea tan brusco.

Ejercicio

Dado que los Dachshunds son muy sociables, tu perro estará feliz si le das atención extra, como cuando era cachorro. Si no le exiges tanto, disminuyes los paseos o de alguna manera cambias la rutina, tu Dachshund senior se adaptará rápidamente al nuevo programa. Deberás hacer esos cambios según su capacidad, por lo que depende de ti ajustar el horario y mantenerlo feliz y activo. Paseos más cortos y frecuentes deberían satisfacer sus necesidades de ejercicio.

Tu perro disfrutará tanto de dormir una siesta como de salir a caminar, especialmente si puede acurrucarse contigo. Descansar a tu lado mientras miras televisión o duermes es todo lo que necesita para estar contento. Sin embargo, es necesario que realice algún tipo de actividad física por su bien.

La parte más difícil de ver envejecer a tu Dachshund es la forma en que va disminuyendo su ritmo. Es posible que notes que pasa más tiempo olfateando durante los paseos, lo que podría ser una señal de que está cansado. También podría ser su forma de decirte que los paseos constantes son cosa del pasado y por eso se detiene para disfrutar más de las pequeñas cosas. Detenerse a oler cosas puede darle ahora la emoción que solía obtener al caminar más lejos.

*Foto cortesía de
Jackie Rivera*

Si bien debes estar atento a que tu perro se canse, él también puede hacértelo saber. Si camina más lento, te mira y se deja caer, esa podría ser la señal de que es hora de regresar a casa. Si ya no resiste hacer paseos largos, hazlos más cortos y frecuentes, y pasa más tiempo jugando con él en casa o en el jardín.

La vejez y los sentidos

Al igual que sucede en las personas, los sentidos de los perros se debilitan con el paso del tiempo. Con la edad, dejarán de oír tan bien como antes, su visión perderá nitidez y su sentido del olfato también se verá afectado.

Algunos de los signos que pueden indicar que tu perro está perdiendo uno o más sentido son:

- Es fácil sorprenderlo o asustarlo. Ten cuidado, ya que esto puede provocar que tu Dachshund reaccione de forma agresiva, algo que puede ocurrir incluso en la vejez. No te acerque sigilosamente a tu perro mayor, pues podría ser perjudicial para ambos; además, él merece tranquilidad, no sustos.

- Tu perro podría parecer que te ignora simplemente porque es menos receptivo a las órdenes. Si antes no había tenido problemas para obedecer, lo más probable es que no se trate de terquedad, sino de que está perdiendo la audición.

- Los ojos nublados pueden ser un signo de disminución de la visión, aunque esto no significa necesariamente que esté ciego.

Si parece "portarse mal", puede ser una señal de que está envejeciendo, no de que quiera rebelarse. No castigues a tu perro mayor.

Ajusta tu horario para satisfacer sus capacidades cambiantes de tu perro. Ajusta la altura de su plato de agua, evita reorganizar las habitaciones y acarícialo con más frecuencia. Asegúrate de que su cama esté bien esponjosa, sino cómprale una nueva, y colócala en el en el suelo si solía estar sobre algún mueble. Lo más probable es que se sienta nervioso por perder sus habilidades, por lo que depende de ti consolarlo.

Cómo mantener a tu perro senior mentalmente activo

El hecho de que tu Dachshund mayor ya no pueda caminar tan lejos no significa que su cerebro no sea igual de capaz. De hecho, los cambios en su cuerpo serán frustrantes para él, por lo que querrás asegurarte de que tenga muchas otras que lo mantengan activo y feliz. A medida que envejece, concéntrate más en actividades que lo estimulen mentalmente. Siempre que entienda todos los comandos básicos, puedes enseñarle todo tipo de trucos de bajo impacto. En este punto, el entrenamiento será más fácil porque ya ha aprendido a concentrarse mejor y estará feliz de tener algo que todavía puede hacer contigo. Los juguetes nuevos son excelentes para mantener activa la mente de tu perro, solo asegúrate de que no sean demasiado duros. También, disfrutará de jugar a las escondidas, ya sea con juguetes o contigo. Además, podrás encontrar una variedad de juegos que se centran en las habilidades cognitivas, pelotas con comida dentro, rompecabezas, entre otros. Si haces una búsqueda rápida en línea seguro encontrarás la mejor opción para tu perro.

Para un perro como el Dachshund, la atención y las caricias extra son más que suficientes para hacerlo feliz en la vejez. Querrá acurrucarse contigo y simplemente recibir cariño. Aunque también debes asegurarte de ejercitarlo mental y físicamente a diario, por más que su cuerpo haya disminuido su ritmo, su mente aún estará activa.

Algunos perros sufren del síndrome de disfunción cognitiva (SDC), que es un tipo de demencia. Se estima que en el 85% de los casos no se diagnostica debido a lo difícil que es identificar el problema y se suele confundir con problemas de temperamento.

Si tu perro comienza a actuar de manera diferente, debes llevarlo al veterinario para ver si tiene SDC. Si bien no existe ningún tratamiento, tu veterinario puede darte algunas recomendaciones para ayudarlo. Se desaconseja hacer cosas como reorganizar las habitaciones de tu casa, ya que la familiaridad con su entorno lo ayudará a sentirse más cómodo y reducirá el estrés a medida que pierde sus capacidades cognitivas. La estimulación mental ayudará a combatir el SDC, más allá de que presente síntomas de demencia o no.

Ventajas de los años senior

Los últimos años de tu Dachshund pueden ser tan gratificantes (o incluso más) que las etapas anteriores, ya que estará más tranquilo. Las actividades de alta energía darán paso a momentos de calma y relajación. Disfrutar simplemente de su compañía puede ser una experiencia muy placentera. Eso sí, procura mantener ciertos niveles de actividad para que no pierda estimulación, y evita volverte demasiado complaciente con su nuevo gusto por descansar y relajarse.

Tu Dachshund seguirá siendo un compañero cariñoso y buscará interactuar contigo siempre que pueda; esa parte no cambia con la edad. Las limitaciones propias de tu perro deben marcar el tipo de actividades y juegos. Si tienes una agenda ocupada, procura reservar tiempo para hacer cosas que estén dentro de esas limitaciones con él. Hacer feliz a un Dachshund mayor es tan sencillo como hacerlo con uno joven, y para ti será incluso más fácil, ya que la relajación se convierte en una prioridad para tu fiel amigo.

Cuando llega el momento de despedirse

Es una realidad que nadie quiere enfrentar, pero a medida que observas cómo disminuye el ritmo de tu Dachshund, sabrás que el tiempo junto a tu querido compañero se acerca a su final. Algunos perros pueden deteriorarse rápidamente, lo que hace evidente cuándo necesitan cuidados adicionales para sus cuerpos envejecidos. Pueden presentar dificultades al caminar sobre superficies lisas o ya no ser capaces de llegar tan lejos como antes. Aunque es doloroso, cuando estos cambios comienzan a notarse, es señal de que debes prepararte para la despedida.

Algunos perros pueden continuar viviendo durante años después de que comienzan a disminuir su ritmo, pero muchos no duran más de uno o dos años. También, pueden perder su interés en la comida, sufrir un derrame cerebral u otro problema que surge repentinamente. En algún momento, será hora de decir adiós, ya sea en casa o en el veterinario. Debes estar preparado, y esa es exactamente la razón por la que debes aprovechar al máximo estos últimos años.

Habla con tu familia sobre cómo cuidarán a tu perro durante estos últimos momentos. Muchos perros estarán felices, a pesar de sus capacidades limitadas. Algunos pueden comenzar a tener problemas para controlar sus movimientos intestinales, mientras que otros pueden tener problemas para levantarse de la cama. Existen soluciones para todos estos problemas. Es clave recordar que su calidad de vida debe ser la prioridad, y dado que tu Dachshund no puede decirte cómo se siente, tendrás que captar cada señal que te dé. Por eso, si notas que todavía es feliz, no hay razón para sacrificarlo.

En esta etapa, tu perro seguro estará muy contento de poder simplemente dormir cerca de ti durante 18 horas al día. Eso está bien siempre que todavía se emocione por salir a caminar, comer y recibir caricias. El propósito de la eutanasia es reducir su sufrimiento, no hacerte las cosas más fáciles. Por eso, el indicador siempre será el comportamiento de tu perro de cómo se siente. Otros aspectos que debes controlar de cerca para evaluar su calidad de vida son:

- Apetito
- Consumo de agua
- Micción y defecación
- Dolor (jadeo excesivo)
- Niveles de estrés
- Deseo de estar activo o con la familia (si notas que quiere estar solo la mayor parte del tiempo, es una señal de que está tratando de aislarse para el final)

Habla con tu veterinario si padece de una enfermedad grave para determinar cuál es el mejor camino por seguir. Puede darte la mejor información sobre la calidad de vida de tu perro y cuánto tiempo es probable que viva con dicha enfermedad o dolencia.

Si tu perro llega al punto en que sabes que ya no es feliz, no puede moverse o tiene una enfermedad terminal, probablemente sea hora de decir adiós. Esta es una decisión que debe tomarse en familia, siempre poniendo las necesidades y la calidad de vida del perro en primer lugar. Si decides que es el momento de despedirse, determina quién estará junto a él.

Una vez en la consulta del veterinario, si has decidido sacrificarlo, puedes hacer que sus últimos minutos sean muy felices dándole cualquier alimento que antes no podía comer, como chocolates y uvas.

También puedes hacer que sea sacrificado en casa. Si eliges este tipo de servicio, recuerda que se te cobrarán cargos adicionales por la visita a domicilio. También debes determinar el lugar, ya sea dentro o fuera, y en qué habitación.

Asegúrate de que al menos una persona que él conozca bien esté presente para no dejarlo solo durante sus últimos minutos de vida. No querrás que muera rodeado de extraños. El proceso es bastante pacífico, pero es probable que tu perro esté un poco estresado. Su corazón dejará de latir a los pocos minutos posteriores a la inyección. Continúa hablándole, ya que su cerebro seguirá funcionando incluso después de que sus ojos se cierren.

Una vez que tu perro se haya ido, debes determinar qué hacer con su cuerpo.

- La cremación es uno de los métodos más elegidos. Puedes comprar una urna o solicitar un recipiente para esparcir las cenizas sobre sus lugares favoritos. Asegúrate de no arrojarlas en lugares donde no esté permitido. La cremación privada es más costosa, pero tendrás la seguridad de que las cenizas son únicamente de tu perro. En cambio, en la comunal varias mascotas son cremadas juntas.

- El entierro es el método más sencillo si sacrificas a tu perro en casa, pero debes verificar las regulaciones locales para asegurarte de que sea una práctica legal. Otro punto por considerar es el suelo: si tu jardín es rocoso o arenoso, no es apto. Tampoco lo es si está cerca de humedales, vías fluviales o pozos que se utilizan como fuente de agua potable. Los restos de tu perro podrían contaminar el agua. Otra opción posible es enterrarlo en un cementerio de mascotas, si hay uno en tu área.

Duelo y sanación

Los perros se convierten en miembros de nuestras familias, por lo que su partida puede ser muy difícil. Las personas experimentan las mismas emociones y sentimientos de pérdida con un perro que con amigos cercanos y familiares. Su ausencia es desconcertante, especialmente con un perro tan amoroso y leal como el Dachshund. Se sentirá extraño no percibir su presencia siguiéndote por la casa. Al mismo tiempo, tu hogar se convierte en un recordatorio constante de la pérdida y, en los primeros días, tanto tú como tu familia probablemente experimentarán un do-

*Foto cortesía de
Sherri Smith*

lor intenso. Despedirse nunca es fácil. Tomarse unos días libres del trabajo puede ayudar en el proceso. Es posible que quienes no han tenido perros digan que tu Dachshund "solo era un perro", pero tú sabes que no es así. Está bien sentir el dolor y llorar, tal como lo harías por cualquier ser querido.

La pérdida de tu Dachshund también traerá cambios significativos a tu rutina diaria. Adaptarse a la nueva realidad puede tomar tiempo. Intenta resistir el impulso de buscar inmediatamente otro perro, ya que es probable que aún no estés listo para ello.

Cada persona atraviesa el duelo a su manera, así que permítete vivirlo como lo necesites. Tu familia también sentirá la pérdida de manera diferente; respeta que cada uno lo procese a su propio ritmo. Algunas personas necesitan menos tiempo, mientras que otras pueden experimentar el dolor durante meses. No existe un calendario para esto, así que evita imponerte plazos a ti mismo o a tus seres queridos.

Comparte cómo te gustaría recordar a tu Dachshund y escucha las ideas de los demás. Pueden organizar un pequeño memorial, contar anécdotas o plantar un árbol en su honor. Si alguien prefiere no participar, también está bien.

En la medida de lo posible, procura retomar tu rutina, sobre todo si tienes otras mascotas. Aunque pueda ser difícil, ellas también te necesitan, en especial porque han perdido a un compañero.

Si sientes que el dolor interfiere en tu vida cotidiana, considera buscar apoyo profesional. De ser necesario, puedes unirte a grupos de ayuda en línea o en tu comunidad, especialmente si este fue tu primer perro. Hablar sobre la pérdida, a veces, es el primer paso para comenzar a sanar.